Dinner in the Dark

アイマスクをして会場へ誘導される参加者

Dinner in the Dark

「大宇宙ひとりぼっち」を体験する

手探りでグラスの位置を確認

「暗闇じゃんけん」でコミュニケーションを深める

「トマトの透明スープ」のお味は……

Dinner in the Dark

集中して食事をいただくのはいつぶりだろうか？

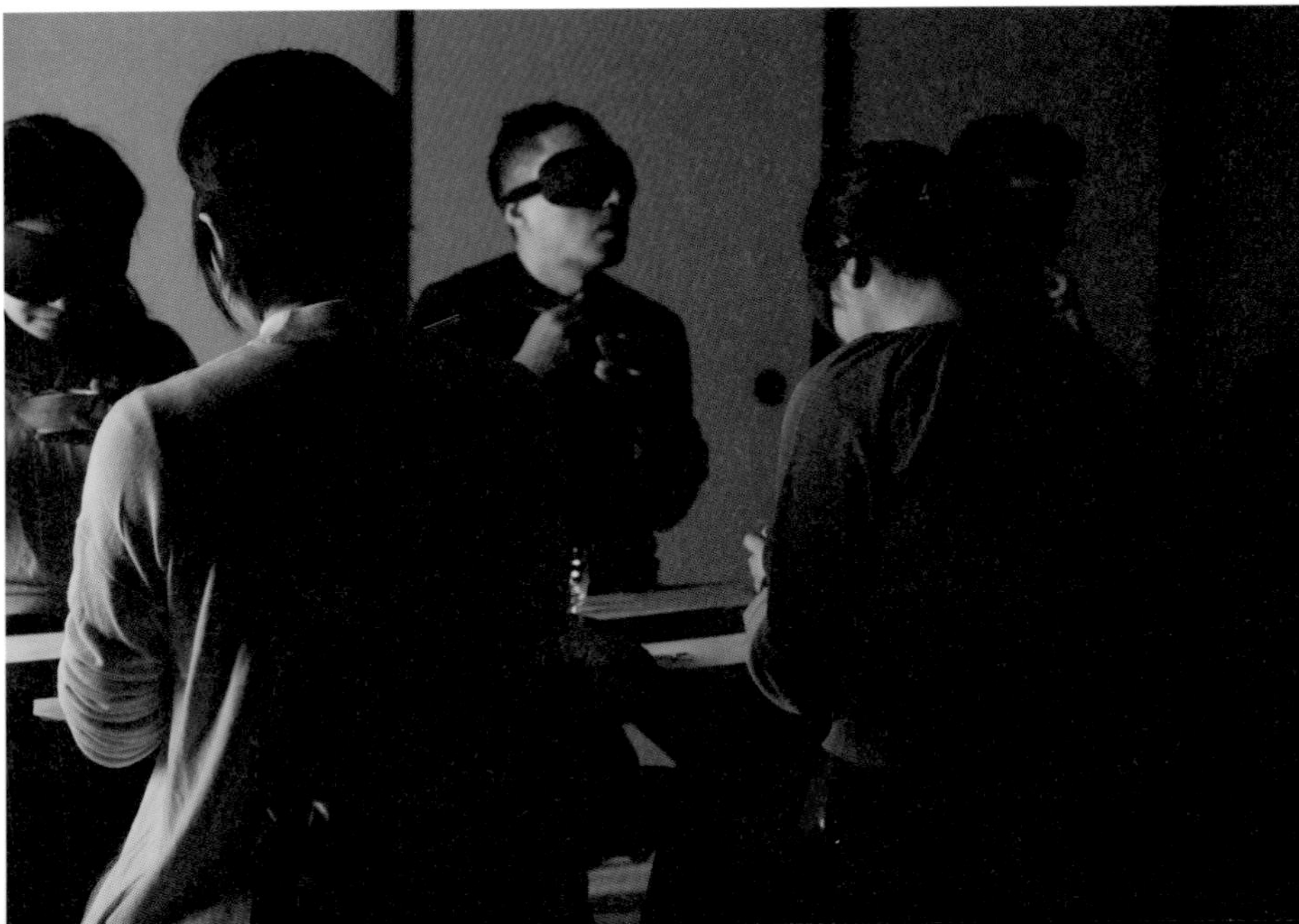

「時間当てゲーム」で時間感覚を知る

当日出された料理の数々

最後にサプライズのワークショップも実施

Dinner in the Dark

人と組織が変わる

暗闇ごはん

浄土真宗東本願寺派　緑泉寺住職
青江覚峰

Dinner
in
the Dark

まえがき

薄暗闇の中、アイマスクをつけて着席している人に料理が1品ずつ運ばれてきます。日常では体験することのできない暗闇の中での食事。これが「暗闇ごはん」です。私、青江覚峰が主催している企画です。

人間が視覚から得ている情報は、脳で処理される情報全体の80パーセントを占めるともいわれます。その視覚情報が遮断されたとき、人間が本来持っていた動物的な感覚が非常に研ぎ澄まされてきます。一流のソムリエがワインの色をたしかめた後、目をつぶって香りや味を確認するのもそのためです。目を閉じることで、集中力が高まり、繊細な味や香りの違いがわかるといいます。

視覚を奪われた中、嗅覚、味覚、聴覚、触覚をフル回転させながら料理を口に入れる暗闇ごはんは、静寂の空間にありながら刺激的な体験といえます。

食事中、進行役が話す内容は、注意事項やちょっとした質疑応答など最小限に留めています。あくまで食事そのものに集中してもらいたいからです。

食事のメニューについての解説は食後におこなわれます。会場が明るくなって、暗闇で体験した食事内容についてタネ明かしがされると、想像とまったく違った食材などに驚き、先入観や固定観念にとらわれていた自分を知ることにもなります。短いながらも濃密な時間を共有した人たちとも、この段階で初めて顔合わせすることになります。明るくなって初めて顔を知ったメンバーと食事の感想を語り合うことも、楽しみの1つです。

暗闇ごはんは、暗闇の中で食事をするというシンプルな体験です。だからこそ、日常では忘れかけていた感覚や人との関わりを改めて考え直す経験ができるのです。

私が住職をしている東京・浅草の緑泉寺では、暗闇ごはんを不定期でおこなっています。また近年では、企業研修として採用され、数多くの大手企業のクライアントと仕事をともにする機会が増えてきています。本書では、人事や総務担当の方にもわかりやすく、暗闇ごはんが人と組織をつなぐ手助けとなることを実例を交えて紹介しています。

本書の内容は4つの章で構成されています。

第1章では、暗闇ごはんを体験したことのない人でも追体験できるように解説します。実際におこなったワークショップの模様を再現して、その全容に迫ります。

第2章では、企業研修における暗闇ごはんの導入について、さまざまなケースを挙げながら、企業の問題解決に効果を発揮している実態を明らかにしています。

第3章では、14年に及ぶ暗闇ごはんの歩みとその広がりについて考察し、個人でも実践できる手法についても紹介します。

第4章では、鑑真和上《がんじんわじょう》が日本に持ち込んだお経として知られる「四分律行事鈔《しぶんりつぎょうじしょう》」の精神を学ぶ新しいワークショップについて解説しています。

「見えない食事」で見えてくるものとは？　魔訶不思議な食事会にようこそ――。

人と組織が変わる
暗闇ごはん
目次

第3章　「暗闇ごはん」で人生が変わる……119

1章

「暗闇ごはん」を味わう

アイマスクで「ひとりぼっち」になる

――ある冬の日の正午近く、私が住職を務める東京・浅草の緑泉寺に集まったのは10人の参加者。メンバーはいずれも「暗闇ごはん」が初体験の人たちです。参加者には、食べ物についてアレルギーがあるかどうかをうかがい、問題がなければ、使用するアイマスクの説明に入ります。

私は日本で売られている主要なアイマスクをできるかぎり試し、その中で暗闇ごはんにいちばん合うものを用意しています。毎回参加者に持ち帰ってもらいますが、好評でふだんの睡眠はもとより出張のときなどに使い勝手がいいとの声もいただくほどです。

続いて暗闇ごはんのルールを話します。

「本当に怖くなったときは、アイマスクを外してください」

アイマスクをして目が見えなくなると、どうしても「怖い」という気持ちが芽生えます。

暗闇ごはんで大事なのは、参加者の不安や緊張感を最初に取り除くこと。アイマスクをして視界を遮断されれば、だれでも恐怖を覚えるものです。そこで進行役はなるべく、参加者に対してジョークや身近な話題を織り交ぜて語りかけるようにしています。リラックスした状態で体験することが有意義であると考えるからです。「ほかの人たちが暗闇の中、『これ、何だろう? さつまいもかな?』『いや、かぼちゃかもしれない』といい合っているとき、アイマスクを外した人が『これはかぼちゃでした』なんていうのはご法度。そういうことは、大人としてどうかと思いますよ」

空気が和んだ頃合を見計らって、参加者を会場に案内します。集合場所であるお寺の1階から2階の座敷に案内し、アイマスクをしてもらいます。一人ひとり手を引いて、「そこに段差があります」「左に曲がってください」「次は右です」「テーブルの前にきました。止まってください」「ここで手を離します」「そのままお座りください」と案内します。

参加者は視界を遮られることで恐怖や不安を覚えます。1メートルほどの距離が体感では5メートルにも10メートルにも感じられ、足を小さく前に出したり左右に動かして障害物がないか確認しながら一歩、また一歩とおぼつかない足どりで前進します。座るときも、テーブルと椅子を何度も触り、距離の感覚を手に覚え込ませます。

席まで手を引いて案内をするので、座った時点では、隣や向かいにだれがいるのかわかりません。グループで参加してもまわりにだれがいるのかいないのかわからないのです。これを私は「大宇宙ひとりぼっち」と名づけています。中には不安になる方もいるので、細心の注意が必要です。

「暗闇じゃんけん」で感覚を研ぎ澄ます

着席して待機する参加者の不安感は、かなりなもの。なんとか無事に着席したものの、暗闇に慣れていない状況で、どこにだれがいて何があるのかまったくわからず、不安にかられています。そこで進行役は参加者をリラックスさせるために、ミニゲームを取り入れています。「暗闇じゃんけん」です。

その名のとおり、じゃんけんを暗闇の中でおこないます。相手は向かいに座っている人です。この「暗闇じゃんけん」は、まず進行役が「じゃんけんぽん」という合図の掛け声を出したら、参加者は右手で「グー」「チョキ」「パー」をつくり、ゆっくり前に突き出します。ゆっくり突き出さないと、テーブルをはさんだ向かいの人を殴ってしまうので、進行役は常に距離感には気をつけるよう配慮しています。

続いて、左手をパーの状態に開いて同じようにゆっくりと前のほうに突き出すと、向かい合った人の右手に触れ、グーなのかチョキなのかパーなのかを確認できます。なかなか触れられない人たちには、手を上下左右に動かしたり声を掛け合ってもらったりします。

初めのうちは、暗闇の中で知らない人の手に触るのはなんだかなぁ……と、抵抗を示すケースもありますが、相手との距離感がつかめたことで、暗闇に対する不安も少し消え、緊張した会場では特に効果を発揮します。中には、恐る恐る手を伸ばして、「あっ、こんなに近くにいたの」と驚きのあまり笑い出す人もいます。これで雰囲気も和らぎます。

じゃんけんのルールは通常のものと同じです。相手がチョキを出して自分はグーだった場合、自分の勝ち。相手がチョキで自分もチョキならアイコで……こうして、勝った、負けた、アイコだったかを、お互いに触り合って確認します。アイコの人たちには、引き続き「暗闇じゃんけん」をしてもらいます。

すべてのペアで勝負がついたら、負けた人から1分間で自己紹介をしてもらいます。それが終わったら、交代して勝った人に話してもらいます。

企業研修などで、職場の同僚のように知り合い同士で参加した場合には、「この1年でいちばん恥ずかしかった話」「いちばん楽しかった話」「これからの1年、一体どんなことをしたいか」などでもいいでしょう。話が盛り上がるようなテーマを振ります。料理を提供する直前までのこのときが、進行役にとってはいちばん気を配る時間帯ともいえます。

サプライズの連続が一体感を生む

自己紹介を済ませたら、いよいよ暗闇ごはんの実食になります。「暗闇じゃんけん」の最中に、スタッフは音を立てずにそっと1品目の料理を出します。このとき、参加者には手を膝に置いた状態で話してもらいます。暗闇の中、身振り手振りで話をすると、料理にぶつけてこぼしてしまう可能性があるからです。

手を膝の上に置いてもらう目的はこれだけではありません。不思議なもので、手を膝の上に置いて話をすると、ボリュームの大きな声にはならないのです。身振り手振りが加わると、つい声が大きくなり、聞いている人もいろいろな方向から声がして、何が何だかわからなくなることがあります。

逆に、声が小さい人たちばかりが集まった場合には、様子を見て、「身振り手振りを入れてください」とうながすこともあります。その辺りは現場で調整します。基本は手を膝の上に置いて話をしてもらうことにより、1品目をスムーズに配ることができます。こうしたノウハウは長年の暗闇ごはんの現場から醸成されたもので、体得した経験則を常にフィードバックしています。

テーブルの左手側におしぼり、右手側にお水、中央の紙の敷物の上に箸を配膳して、いよいよ料理が配られます。最初の料理は小さなグラスに入ったスープです。参加者にゆっくり手を動かして、そのまま口に入れて味わってもらい、まわりの人と「何だろう」と話してもらいます。

たいてい、最初はどんな参加者でも自信なさげに小さな声になります。正解は、アイマスクを取ってからお伝えすることになります。しばらくはスープの味を反駁《はんばく》しながら次のメニューを待ってもらいます。

この日の2品目は、押し寿司が2つに付け合わせの、計3種の料理が長皿の上にのりました。

「まわりの人とお話しながらお召し上がりください。お箸がうまく使えなければ、手でつまんで食べても大丈夫です。少しくらいお行儀の悪いことをしても、まわりの人から見えません」

恐る恐る口に運ぶ参加者。静まり返った室内に、「シャキ、シャキ」「カリカリ」と咀嚼《そしゃく》する音が響きます。

「ごはんにゴマが入っている」などと感想が出てくると、同じものを食べているのに、

「えー、そうじゃないよー」と違う意見も出てきます。

暗闇の中では、「これ、おいしいね」といっても、「これって、何?」となって、相手には全然伝わりません。まわりの人がどんな言葉遣いをしているのかにも、少し意識を向けながら歓談してもらいます。

3品目は小さな器に3品をのせてお出しします。この頃になると、進行役がうながさなくとも参加者も慣れてきたのか、隣や向かいの人と「何だろう?」「芋かな」と会話も弾んできます。

4品目は温かい料理。添えたスプーンで食べます。小鉢の中に入っているのが何なのか、何の出汁なのか、といったことを話しながら食べてもらいます。

皿や小鉢が空になったら、スタッフが下げ、全員の皿を下げたら次の料理を出し……という手順が繰り返されます。共通の体験をすることで参加者たちの気持ちも近くなり、一体感を覚えることすらあります。

グループディスカッションの狙い

この日の5品目は、食べる前に料理名を伝えました。野菜のテリーヌです。一般的なテリーヌと違って、ゼラチンではなく寒天を使っています。寒天の中にはいろいろなその季節の食材が入っています。これを参加者に食べてもらい、1つずつ当ててもらいます。

食前に、参加者をグループ分けし（今回の体験会は10人なので、テーブルごとに4人、3人、3人をそれぞれA、B、Cの3つのグループに分けました）、グループ内でテリーヌに入っている食材は何なのかをそれぞれ話し合ってもらいます。

話し合いにあたっては、進行役からアドバイスをすることにしています。

「だれがどういう話をしているのか、このグループの中ではだれがリーダーになったのか、明るいときと暗闇の中での話し方はどう違うのか、ということを意識しながらお話をしてください」

色鮮やかな野菜のテリーヌでも、視界を遮られて食べるのは初体験。食べながら数分の話し合いの後、答えがまとまったグループに手を上げてもらい、その中で進行役が肩を叩いた人に代表して話してもらいます。

Aグループの男性が「うちは8つです。パプリカ、人参、ブロッコリー、大根、ベビーコーン、玉ねぎ、インゲン、そしてオクラです」と自信満々にいいました。

Bグループの女性は「ブロッコリー、オクラ、玉ねぎ、大根、人参、パプリカ、あとベビーコーンの7種類です」。

Cグループの女性は「オクラ、ブロッコリー、パプリカ、人参、玉ねぎ、あと何だっけ。……5つです」。

「インゲンなんかあった？」などの声も上がりますが、「正解は明るくなってから」。その狙いは自身の味覚を確認してもらう作業だけにとどまりません。

むしろここからが本題です。進行役から、ちょっとしたコミュニケーションに関する問題を提起します。これまでの会話の中で、「何だろう？　ブロッコリーかな？」と疑問形で話す人と、「これはオクラだ」「これは人参」と断定形で話す人がいたことなどを思い出してもらいながら、コミュニケーションの癖を意識するように求めます。同時に自分自身はどちらに属すか、考えてもらいます。

「時間当てクイズ」で孤独を体験する

次の料理、6品目は、これまでとは反対に、ひと言も発しないで食べてもらいます。小鉢の中には3つの料理を入れました。同じ食材（茄子）ですが、それぞれ違っています。どう違うのか、自問しながら食べてもらいます。

1分半後、グループの人同士で話し合いをしてもらい、先ほどと同じように肩を叩いた人に「どう思ったのか」「どんなことを話し合ったのか」を発表してもらいました。

今回、女性の1人がなかなか興味深い回答をしました。

「3つとも茄子ですが、味つけの違いの話が出ました。1つは砂糖とゴマ油の香りが感じられる揚げびたし。もう1つは鰹節と醤油で味つけしたおひたし。もう1つは切り方、形状が違っていて、明らかに食感も違いました」

この質問も後ほど解説することにして、次の料理の準備をする間、もう1つ、ゲームをしてもらうことにしました。それは「時間当てクイズ」です。

体験会当日、2階の座敷に案内したのが午前11時40分でした。それから6品の食事に要した時間はどれほどなのか？　私は選択肢を挙げました。

（A）午後12時20分

（B）午後12時30分

（C）午後12時40分
（D）午後12時50分
（E）午後1時

今回の回答は（A）1人、（B）4人、（C）4人、（D）1人、（E）ゼロという結果でした。

正解は現在12時51分。質問した時点では12時50分でした。1時間10分、暗闇の中にいたことになるわけです。この質問でわかるのは、個人差はありますが、人は暗闇の中にいると、時間の経過をゆっくりに感じる傾向があるようだということです。

そうこうするうちに、いよいよ7品目（揚げ物）が登場します。ひと口サイズの小さな揚げ物が4つ小皿にのってます。ここでも私は時間の感覚を問うクイズをもう1つおこないました。スタートの合図をしてから1分たったと思ったタイミングで手を上げてもらいます。

その間、参加者同士はしゃべってもいいということにしています。

この結果の一部始終を撮影した動画は、後ほど参加者に見せます。

8品目はすり流しです。暗闇の中で食べるのは、これが最後になります。この日は、特に参加者に質問せず、暗闇という状況と温かい出汁の味を堪能してもらいました。暗闇でなくでも、つまり目で見ながら食べてもおいしい食事を提供すること。このことだけは肝に銘じています。

「二度目の初対面」

椀物以降の料理はアイマスクをとってから召し上がってもらうことにしています。

部屋の照明をつけ、アイマスクを外してもらうと、あちこちから深呼吸する音が聞こえてきます。このときに注意すべきは、いきなりアイマスクをとらないこと。急に光を浴びると目に痛みが生じる場合があるからです。そこでいったん、目を閉じた状態でアイマスクを外し、両手で目を覆ってもらい、指の間から徐々に灯りを取り入れて目を慣らしていきます。

視界が開け明るくなり、さっきまで仲よく話していたのが、ようやく顔を見て、改めて「はじめまして」となる場合もあります。かなり打ち解けた会話をした間柄でも「二度目の初対面」では気恥ずかしくなるようです。

こうした経験は、最近のネット社会でもしばしば起こりうる現象です。面白いもので、メールでずっと仕事のやり取りをしていた人でも、初めて会うとかしこまった気持ちになり、ちょっと不思議な感じがした経験はないでしょうか。これと似たような状況が「二度目の初対面」です。散々話をしてコミュニケーションをとっていても、実際に対面するとまた違うコミュニケーションが始まります。相手が「見えるコミュニケーション」と「見えないコミュニケーション」の違いが暗闇ごはんでは顕著になります。

アイマスクを外して、「お帰りなさい。これがふだん私たちが暮らしている明るさです」というと、ワーッと歓声が上がり、「思ったより、隣の人と近いところに座っていた」という人も少なくありません。

そのまま季節の炊き込みごはんと漬物を食べます。

そして、今日食べた料理を1つずつ解説します。ここからが、暗闇ごはんのクライマックスともいえる時間となります。

食を通じた「気づき」の体験

まず、この日に出された9品目のお料理について振り返ってみましょう。

1　トマトの透明スープ
2　お湊ぎのそぼろ寿司
3　前菜3品（小芋の湯葉和え、柿と梨の白和え、キノコの海苔和え）
4　かぶら蒸し
5　野菜のテリーヌ
6　茄子の揚げびたし3種
7　4種の揚げ物（3種類のお麩カツ、高野豆腐の唐揚げ）
8　飛龍頭《ひりゅうず》のお椀
9　季節の炊き込みごはんと香の物

では1品目のスープから解説します。目隠しをした状態で「何のスープでしたか？」と聞くと、多くの人は「トマト」だと答えます。

そこで小さなグラスに入ったわずかに黄みがかった透明な液体を見せると、口をそろえて、「えーっ？」と不思議そうな顔をします。

トマトなら赤いはず。

参加者が戸惑いを見せる中、進行役が「実はトマトで正解です」とひと言。グラスを回して匂いを嗅いでもらうと、トマトであることに納得します。

この料理のレシピはとてもシンプル。トマトをすりおろした後にさらしで濾すと、透明な液体を抽出できます。これが「トマトの透明スープ」の正体です。ほかには、水も砂糖も塩も何も入っていません。純然たる、トマトを絞っただけのスープです。

問題はここからです。

「皆さん、なかなかいい味覚をお持ちですね。全員正解、おめでとうございます」

と拍手した後、

「明るい状態で同じものが出てきても、トマトといえますか？」

と尋ねると、口々に

「いえません」

「どうしてですか?」

「色が違います」

私がこれまでに統計を取ったところ、アイマスクをしている状態でトマトといい当てる人は99パーセント以上に上りました。ごく高い正解率です。ところが、明るいところで見える状態で出すと、正解率はおよそ66パーセントに下がり、きゅうりやパプリカという答えが多く出てきます。

暗闇ごはんを会社の研修などで利用している場合、ここで、「先入観から間違ったことを選んでしまうこと」などをテーマに話し合ってもらいます。先入観による判断ミスを「可視化」することで、議論は思いのほか盛り上がります。これが暗闇ごはんを体験することの大きなメリットといえるでしょう。

偏見に満ちた私たちの世界観

続く2品目のお湊ぎのそぼろ寿司は、一見すると玉子とひき肉に見えます。これもアイマスクを外して明るい中で見ると、だまされる人が多いのです。玉子に見える黄色い寿司は、豆腐にクチナシで色をつけたもの。茶色のそぼろ状のものは、高野豆腐にゴマ油と醤油、そして少し食感を出すためにレンコンのみじん切りを入れたものです。

ごはんの中には大葉とゴマを混ぜ、菜の花の昆布締めを添えます。

3品目の前菜にも仕掛けがあります。小芋の湯葉和えに、柿と梨の白和えとキノコの海苔和え、いずれも手間がかかっていますがそれだけではありません。小芋には湯葉の餡がかかり、青海苔をのせています。また、白和えの柿と梨は一緒に口に入れて混ざるとリンゴのような味がするという方も多くいらっしゃいます。

キノコの海苔和えはマイタケ、シイタケ、シメジ、ヒラタケなどさまざまなキノコをグリルで焼いて、海苔と醤油とスダチを和えたものです。

4品目の蒸し物はかぶら蒸し。この食材について、参加者は「大根ではないか」と話していましたが、答えはカブです。

出汁はカブをすりおろしてザルに上げてしばらくすると、カブの繊維と汁気の部分に分かれるので、汁気の部分を1回沸かしてアクを取ったものです。片栗粉で少しとろみをつけていますが、それ以外には、ほんの少しの醤油を入れただけです。団子の部分はカブにつくねいもを少し入れています。それ以外は塩しか入ってません。上にはおひたしにしたカブの葉をのせました。

カブという1つの食材でも、水分、繊維、葉と、いろいろな表情があります。

仏教にこんな話があります。昔、何名かの全盲の人がいました。彼らに「ここに象がいる」と伝えます。1人が象に触って、「細いヘビみたいなものだな」といいます。彼は尻尾を触っていたのです。次の人は「大きな甕《かめ》のようだ」といいます。象のお腹の辺りを触ったからです。次の人は「木でできた臼だ」と主張します。足を触ったのです。そして、最後の人は「大きなざるがある」と叫びます。耳の部分を触ったわけです。

このように、1つのものごとのどこをどう切り取るかで、答えは変わってきます。同じ食材でも多彩な味わいがあることを知ってもらいたくてこのかぶら蒸しをつくりました。

これは、企業における人材についてもいえることです。ある職場でアクの強いキャラクターの持ち主が内勤で同僚と衝突ばかり繰り返すので、営業に配置転換したといいます。すると営業の現場では持ち前のバイタリティで次々と契約を獲得。交渉力の高さで、一躍トップの成績に躍り出たというケースもあります。

暗闇ごはんを通して、多士済々のメンバーそれぞれの個性を活かすことで、組織にとっても大きな利益を生む源泉となることを理解するきっかけを得られます。

野菜のテリーヌから学べること

5品目に食べた野菜のテリーヌは、私自身のレシピの中でも、味だけでなくさまざまな示唆に富むメニューとして自信作に挙げられます。

先の29ページではグループに分かれて、テリーヌに使われている食材と種類について話し合ってもらいました。

Aグループの答えは、パプリカ、人参、ブロッコリー、大根、ベビーコーン、玉ねぎ、インゲン、オクラの8種。

Bグループがブロッコリー、オクラ、玉ねぎ、大根、人参、パプリカ、ベビーコーンの7種。

Cグループはオクラ、ブロッコリー、パプリカ、人参、玉ねぎ、あとはもう1つ何かと答えました。

正解は7種類です。今回のブロッコリー、人参、大根、ベビーコーン、オクラのように5種類は比較的正解率の高い食材を、残りの2種類については、当てるのが難しい食材を出すようにしています。

今回、その答えは赤パプリカと黄色パプリカです。赤パプリカは1回焼いて皮をむいてからすし酢に漬けます。黄色パプリカは皮をむかず生の状態でピクルス汁に漬けています。微妙な差ですが、よく味わえば違いがわかります。テリーヌの地の部分にはとうもろこしを使用しています。

テリーヌの中身を考える暗闇の中のコミュニケーションで、気がついたことがいくつかありました。Aグループがまさにそうだったのですが、だれかが「これはインゲンだ」というと、「あー、そうそう」と、自己判断を保留して追随する人がいます。同じ人が、「これは栗だ」といったら、やはり「そうですね」となります。暗闇ごはんでは必ずこういう現象が起こります。

とても社会風刺的なエピソードです。だれか声の大きい人が「AはBだ」といった瞬間、まわりはそれに追随します。「AはCだ」といっても追随するのです。追随するまわりの人たちは、あまり深く考えてはいないのです。

古代ギリシアの煽動的民衆指導者のことを「デマゴーグ」と呼びます。現在でも、社会的、経済的な弱者の感情に訴えて政治的目的を達成しようとする手法はあります。

「敵が攻めてくるぞ。大変だ」と声高に叫ぶと、皆そっちの方向に傾いていくということが起こり得ます。フェイクニュースなどは、まさにそうです。簡単にだまされてしまうのです。

企業などの組織でもしかりです。会議での大事な意思決定の場でも、声の大きい人につられてしまう可能性があることを、私たちはきちんと認識していないと危険です。そうでないと、ちょっと天秤がずれたら、とんでもない方向に向かってしまうかもしれません。

このことは暗闇ごはんにおける裏のテーマだと考えています。

どうしてそんなふうに他者の意見に簡単に引っ張られてしまうのでしょうか。原因は明らかです。情報が出そろっていないからです。今回も、暗闇の中で視覚情報が遮断されると、「インゲンがある」といわれて、「そうそう」「あるある」となってしまいました。情報が出そろっていないから、だれか声の大きな人にリードされて間違ったところに向かってしまうわけです。

自分は見えない状態にいるのではないか——。常に自己を疑い、ものごとをフラットに見ようとする意識をするのは、非常に大事なことです。

仏教に「無明《むみょう》」という言葉があります。根源的に知らないことであり、苦しみの原因であり、煩悩です。知らないこと、学ばないことは、それ自体が恐ろしいことです。加えて、知ったつもりになって尊大にふるまったり、なんでも知っていると いう奢りがあったりするのも恐ろしいことで、避けたいものです。

ビジネスの世界でも、どれほど慎重に判断したとしてもミスリードすることがあります。常に、本当はどうなんだろう、と意識して考えることが必要です。

もう1つ、「テリーヌの中の食材は何種ですか？」という問いには「8種」という答えもありました。私の「たくさん入っています」の言葉に引っ張られて、ありもしない8種目を一生懸命、探した結果でしょう。このことも思考の癖を考える上で、有効な補助線になるエピソードといえます。我々は常に、さまざまな情報に翻弄されて生きていると思ったほうが賢明かもしれません。人によって「たくさん」を指す数はそれぞれなのです。

精進料理にも込められているもったいない精神

続いて6品目の揚げ煮は、調理法の異なる3種類の茄子の揚げびたしをお出ししました。参加者の中には「油が少し強いものと、そうでないもの。そしてもう1つは、おひたしっぽい」という人がいましたが、実は全部、揚げびたしです。

調理法は、1つは揚げてから、一度お湯をくぐらせて油を落としてから昆布出汁で炊いたもの。もう1つは揚げてからカツオの出汁で炊いたものを出しました。間違えた解答をした人は、カツオの出汁で炊いた茄子をおひたしと勘違いしたようです。もう1つは細長く切った茄子のヘタを入れたのです。あえて油を落とさなかったので、特有のコクを強く感じたはずです。ふだん茄子のヘタを食べない人は多いですが、暗闇の中で知らずに食べてみたら、ちゃんと食べられるわけです。

食べられないと思っているから、食べない。多くの料理のレシピ本でも、「茄子のヘタは切って落とす」と書いてあります。

そのように、ふだん私たちが勝手に思い込んでいることは、世の中に多数あります。外国人だから日本語が話せないと思い込み、英語で話しかけたら、流暢《りゅうちょう》な日本語で「日本語でも大丈夫です」と返され、ごめんなさいとなることがあります。

勝手な思い込みから、失ってしまうことも多いかもしれません。ふだんの生活の中でも、例えば「日本人は――」「外国人は――」「男は――、女は――」といった紋切り型のステレオタイプでものごとを見てしまうことは少なくありません。

企業向けのワークショップの場合は、その組織がどのような課題を抱えているかを事前にヒアリングしています。すると、部署や個別の社員に対する思い込みによる業務の無駄や非効率に悩む現場が多いことに気づきます。とりわけそういった組織からは、この茄子の揚げびたしを提供してほしいというリクエストが少なくありません。

さて、茄子の調理法についての解説をした後には「ちょっと考えてみてください」

とうながし、グループの中で話し合ってもらう時間を設けます。すると思いがけない答えが返ってくることがあります。

7品目の揚げ物は、3種類のお麩カツと、高野豆腐の唐揚げです。高野豆腐は生姜醤油に漬けて片栗粉をまぶし、カラッと揚げてあります。

お麩カツは、梅、八丁味噌とみりん、そしてトマトベースの3種です。ここで用いたトマトソースに1品目のトマトスープをつくる際にさらしに残った赤い部分にパクチー、シナモン、コショウ、リンゴ酢を少しだけ入れました。

8品目の椀物は飛龍頭《ひりゅうず》とすり流しです。がんもどきの中には今日使った食材のあまった部分、例えば野菜の皮や端っこ、ピーマンやかぼちゃのタネなど、あまったり捨てられたりしてしまうものを入れてあります。

ふだんは捨ててしまいがちなものにも感謝をし、できるだけ無駄にしないことを考えてほしいと思っています。お寺の料理では、食材のごみをすぐにごみ箱に入れません。一度ボウルにとっておき、再利用できないか考えます。最後まで料理をして、それでもどうしてもあまったものは捨てたり、庭に埋めて土に還したりなどもしますが、捨てる、切り捨てることは、できるかぎり避けるようにします。

視覚偏重の落とし穴

部屋を明るくして、アイマスクを外してもらった後、季節の炊き込みごはんと香の物をお出ししました。このとき、罠を1つ仕掛けました。

「ちょっとした違いに気がつく皆さんなら、いま明るいところで召し上がった季節の炊き込みごはん、1つの器の中に2種類入っていたことにもお気づきですよね」

途端に、「えーっ!?」とザワつく会場。

今回出した炊き込みごはんには、出汁を使って土鍋で炊いたものと、炊飯ジャーで水で炊いたものの2種類があったのです。土鍋で炊いたほうにはおこげもあります。違いがわかった人は、残念ながら1人もいませんでした。

暗闇の中で、嗅覚、味覚、聴覚、触覚をフル回転させて集中して食べていた鋭い参加者なら、違和感をもってもおかしくないはずです。

それなのに、そこに気づいた人は1人もいなかったのです。部屋が明るくなって、私が話すのを聞きながら食べることで、意識がほかのところに向いてしまったためです。ほんの少しの注意がそれるだけで、気づけることにも気づけなくなってしまう。これこそ落とし穴です。

この「最後の罠」に出されるごはんには、炊き込みごはんやおにぎりなどいろいろなパターンがありますが、ポイントは見た目がほぼ同じものを2種類用意することです。この2つ、見た目では気がつかないものの、よく味わってみたら気づく程度の差になるよう調整しています。

例えば、鶏そぼろと玉子そぼろの2種がのった（ように見せかけた）丼の場合、鶏そぼろは高野豆腐を炊いたもの、玉子そぼろは豆腐にクチナシで色をつけたものです。このそぼろもどき、暗闇でなくても、味に意識を向けて集中していたら違いがわかるはずです。先ほどのトマトの透明スープと一緒です。

しかし、暗闇から解放されて明るい中で料理を見ながら食べ、しかも進行役が「召し上がっていただきながら、ちょっとお話をします」といって意識をこちらに向けてもらうと、気づかない人もおります。この「気づかない」ということが非常に大事になってきます。

お寺という場所で、暗闇の中、目隠しの状態でごはんを食べるということは非日常の体験です。非日常だから、意識も食べ物に向いて、いろいろなところに気がつきます。

しかし、アイマスクを外して非日常から日常に戻ってリラックスした瞬間、「ああ、終わった」と思ってしまうと、先ほどまで持っていた「気づき」を失ってしまうのです。もったいない話です。企業においても同じことが起こります。研修という非日常の中では、大いに学び考えても、いつもの職場に戻った途端に忘れてしまっては意味がありません。せっかく時間とお金をかけておこなっていることが無駄になってしまいます。

日常に戻っても、いつ、どこにいるときでも、学んだ「気づき」を維持できるのか。ふだんの生活に戻ったときこそ罠に陥りやすいということを体験してもらうため、あえて落とし穴を掘りました。

こういったことをいうと、「そんなことわかっているよ」という顔をする人も多いのですが、実は気づかないうちに落とし穴に落とされ、そのまま穴の中で過ごす人も少なくありません。

落とし穴に落ちないようにすること、せめて、そこに落とし穴があるかもしれないと注意すること。そうすれば、落とし穴がたくさん仕掛けられているところでもきちんと歩いていくことができるようになると思います。

一生懸命ごはんを食べる

最後のデザートのフルーツ醍醐《だいご》には特に仕掛けがありません。カットした苺など季節のフルーツの上にのっているのは、水気を切ったヨーグルトにカルピスを加えたものです。

デザートを楽しんでいる方たちに、「こんなに一生懸命ごはんを食べたのは、いつ以来ですか？」と問います。「1年ぶり？」「思い出せない」という答えがある中、進行役は必ずこのようなメッセージをお伝えするようにしています。

「たまにはそんなことも考えながら、ふだんのお食事を召し上がってみてください」

「一生懸命ごはんを食べる」という言葉は、日本語としては正しいのですが、組み合わせて使うことはあまりないと思います。しかし、暗闇の中で「これは何だろう？」といい合いながら食事に集中している間、たしかに一生懸命になっていたのではないでしょうか。

忙しい現代人は、食事をしながらついつい別のことを考えてしまいます。例えばランチの間も、ほかの人とおしゃべりをしたり、「午後の会議のための資料を用意しなくては」と考えたりしながら食べている人も多いでしょう。

私たちは食事に意識を向ける時間が非常に少ないのです。暗闇では何も見えない分、目の前のことに集中できます。「これは何?」と一生懸命に考え、食べ物と1対1で向き合う時間を持てるのです。

コラム

暗闇ごはんでの「気づき」は千差万別

「暗闇ごはん」には、これまでさまざまな感想が届いています。一部、紹介いたします。

女性A「感覚を研ぎ澄ませて集中できたので、食材はだいたい当たりました。ふだん食べているとき、用事をしたり、テレビを観たり、スマホをいじったりして、意識が散漫でした。食べ物のことだけを考えながら食べることが日常的にないので、いい経験になりました」

男性B「暗い中にいるという共通体験があり、皆と食材を探っていける楽しさもありました」

女性C「意外とふだん匂いを頼りに生きているんだなって思った」

女性Ｄ「暗闇の中の自己紹介が怖かった。相手がどんな人か、わからなかったから」
女性Ｅ「暗闇だと、自分の癖、自分の地が出てくる感じ。けっこう人に合わせるタイプだったんですね」
男性Ｆ「視覚から得る情報って、思った以上に多いことがわかりました」
男性Ｇ「いつもなら、おいしい、おいしいで終わるところを、細かく分析できたのが面白かった」
男性Ｈ「集中して食べるから、薄味でも気にならなかった。ふだんは早食いですが、ゆっくり味わうことができました」
女性Ｉ「自分の固定概念の基準値がどこにあるのか、わかったような気がしました。どちらにしろ、思い込みはいけないと思います」
女性Ｊ「ふだん目や口の動きを見ながら話すと、顔色をうかがって話すことになる。目からの情報がないと顔が見えないからこそ、距離も詰めやすく、緊張せずに気を遣わずに話せた」

男性Ｋ「家でもやってみたい」
男性Ｌ「最後まで油断できない演出。お坊さんの手のひらの上で転がされているような気がした」
男性Ｍ「同じテーブルの人たちと盛り上がりましたが、それだけに、解散した後は寂しかった」
女性Ｎ「視覚がなく、声だけになったことで、声の好みがわかるようになりました」
女性Ｏ「暗闇ごはんは、味に集中するので、おいしい、まずいの差がすぐにわかると思いました。料理に自信がないとできないのでは」
男性Ｐ「『ああ、これだったのか』というタネ明かしが非常に面白かった」

2章

大企業が殺到する「暗闇ごはん」の秘密

「暗闇ごはん」実施で得られる「3つの効用」

第1章では、ふだんからおこなわれている「暗闇ごはん」の体験会について紹介しました。当初は個人向けのイベントとして立ち上がった暗闇ごはんでしたが、反響は予想以上に大きく、近年は口コミなどを中心にさまざまな業態の企業から、暗闇ごはんを社員研修に使ってみたいという依頼が持ち込まれます。

企業側の窓口の多くは人事関連の部署です。担当の方に詳しくうかがうと、

「インターネットで体験会のことを知った」
「ほかの会社からよい評判を聞いた」
「ちょっと変わった研修をやりたい」
「いままでいろいろな研修をしたのに役に立たなかった」

などの理由で検討されていることがわかります。

「こんな効果がありました」と研修を受けた人がブログなどで発信して、それが広がって企業の人事担当の目に止まったというケースもあります。

ウェブをあたればあらゆる情報を見つけられる時代。最近は知識的な研修よりも体験型の研修にシフトしています。「体験」「研修」というワードで探したら、暗闇ごはんがヒットしたという話はよく聞きます。実際、日本の体験型の企業研修で食に関するものは暗闇ごはん以外はいまのところないと考えています。

提供先の課題に合わせて内容をアレンジすることもできるので、さまざまな要望にお応えすることが可能です。

これまでに携わった中には、我々の想定していない暗闇ごはんの活用法をクライアントの企業側が発見してくれた場合もありました。

例えば、風土の違う2社が合併した企業から、暗闇ごはんの依頼がありました。A社とB社でうまくコミュニケーションをとりたいというような場合もあれば、業務内容によって分社化していた企業が、事業部制採用に伴い同じビル内で働くことになった場合には交流促進の目的で暗闇ごはんを取り入れたこともあります。

さまざまな声を集約すると、暗闇ごはんを通して得られるものは大きく3つ「マインドフルネス」「コミュニケーション」「ノンバイアス」になります。

また、企業によっては社内のレクリエーションやクライアントのおもてなしに暗闇ごはんを活用されることも多くあります。最近だとＭＩＣＥ（企業が関係者を集めておこなう大型会議）で扱われることも増えました。

「問題点を知りたい」という悩み

暗闇ごはんにはさまざまな企業の悩みが持ち込まれます。意外と多いのが、「ウチの何が問題なのか教えてください」「何となくうまくいっていない」「何をすればいいのかわかりません」というようなぼんやりとした依頼です。むしろこちらのほうが多数派かもしれません。組織の見えない問題点を、食を通じて「見える化」すること自体に、大きなメリットを感じてリピーターになるクライアントもいるほどです。

暗闇ごはんを企業研修に取り入れたい企業は、必ずしも、はっきりした目的意識があるわけではなく、何か漠然とした不安があって、「変えなくちゃいけない」と感じている場合が少なくありません。企業というのは、慢性的に悩みを抱えた組織といえるかもしれません。

アイマスクを着用し視覚に頼らず食事することで、残された感覚をフルに使い、まわりにだれがいるのか、どんな料理を出されたのかなどを探ります。それにより、ふだんの生活の中ではわからなかった、数多くの「気づき」を得ることができます。視覚を遮られた中、一緒のグループになった人とコミュニケーションを取ることで、自身の持つ先入観や他者への寛容などに意識が向くようになります（ノンバイアス）。

当然ながら、コミュニケーションが深まれば組織の風通しはよくなります。暗闇ごはんから得られるメリットは計り知れません。

「暗闇ごはん」とマインドフルネス

暗闇ごはんのワークショップは、視界を遮ることで、食事に集中するだけでなく自分との対話を意識させ、マインドフルネスの実践（以下マインドフルネス）につながっていきます。

私たちは毎日、さまざまなことを考えながら生きています。朝起きて、今日は何を着て会社に行くのか、朝いちばんの会議で発表することは昨日予行演習したとおりでいいのか、取引先にはどんなアプローチのメールを送信するのかなどが頭の中をグルグル回っています。

人間の脳は1つの決断をするたびに精神的疲労が蓄積するといいます。それが溜まりすぎると、パフォーマンスやモチベーションが低下するといわれています。いわば「注意と集中力」がトレードオフの関係にあるといえます。

必要のないことまで考えているうちに、本当に大切なものが見えなくなり、ネガティブな感情が沸いてきてストレスも溜まります。組織人ならばミスが発生し大きな損害をこうむることも考えられます。

マインドフルネスとは、余計なことは考えずに、リラックスして、「いま、この瞬間」に集中している状態です。

カナダのブリティッシュコロンビア大学の2015年の研究結果によると、マインドフルネスのトレーニングをおこなうことで、スピーディかつ最適な意思決定を下すことが可能となり、その結果、生産性が高まるとされています。

アメリカではマインドフルネス・トレーニングは広く普及しており、イベントも数多くおこなわれています。Google や Apple などの大企業も従業員の生産性を高めるために、マインドフルネス・プログラムを導入しています。

この流れは日本の企業ではまだ主流ではありませんが、その動向をいち早くキャッチしている企業が暗闇ごはんを「食べるマインドフルネス」として導入しているといえるでしょう。

「暗闇ごはんは、まさにマインドフルネスだ」

と感嘆したのが、マサチューセッツ大学医学大学院教授で、同大学マインドフルネスセンター（ストレス低減センター）創設所長のジョン・カバット・ジン博士です。

ジン博士（以下同様）は、マサチューセッツ工科大学の分子生物学の博士号を取得後、1978年にマサチューセッツ大学にマインドフルネスセンターを起ち上げて医学部の教授に就任しました。心と体の相互関係を研究し、ストレス関連の病気を持つ人びとのために「マインドフルネス・ストレス低減法」を開発。これが現在のマインドフルネスブームの源流となっています。

また、仏教の指導者に修行法と教理を学んだジン博士は、それを西洋科学と統合させ、ストレスや痛み、病気に対応する「マインドフルネス瞑想」も教えています。マインドフルネスが世界中で受け入れられたのは、マインドフルネスによる体や脳への何かしらの効果や臨床治療としての有効性が、多くの研究により科学的根拠に基づいて示されるようになってきたからです。

21世紀に入り、シリコンバレーの大企業がプログラムを採用したことで新たなフェーズに突入し、世界的なブームとなりました。

一時期、暗闇ごはんをとある外国の機関から依頼を受けて、定期的におこなっていた時期がありました。そのご縁で、2012年、ジン博士が自ら提唱した「マインドフルネスストレス低減法」を日本に紹介するために来日した際、私も暗闇ごはんや仏教の話をする講師として同席したことが、ジン博士との出会いです。

当日、私たちは別々の教室の分科会を務めていましたが、「ジン博士が暗闇ごはんに非常に興味を持っている」と聞き、暗闇ごはんの体験会に参加してもらいました。

そのときに出たのが、先の「暗闇ごはんは食べるマインドフルネス」という言葉です。

それ以来、ジン博士とは意見交換をするようになりましたが、当時日本にはまだ「マインドフルネス」という言葉は定着していませんでした。本格的なマインドフルネスブームが日本に上陸するのは２０１５年を契機としてですが、くしくも暗闇ごはんのニーズが企業研修に及んできたのは、同時期のことです。

当初、マインドフルネスは瞑想法の一種として脚光を浴びました。しかし、瞑想などと構えなくても、例えば歩いていても食事をしていても「マインドフルネス」をすることは可能です。

暗闇ごはんは、食べることに意識を向け、自分自身を見つめ直すためのプログラムとして考案したものです。一方、「マインドフルネス」は日常生活におけるストレスの軽減やビジネスパフォーマンスの向上に役立つものです。

では、ジン博士が言った「食べるマインドフルネス」とは何でしょう。簡単にいうと、「食べることだけに集中すること」に尽きます。

第1章の56ページを思い出してください。暗闇ごはんの最後に、進行役は「こんなに一生懸命ごはんを食べたのは、いつ以来のことでしょうか?」という質問をしました。この質問こそ、マインドフルネスにおいて非常に重要な問いかけです。

想像してみてください。子どもや赤ちゃんはまさに「一生懸命ごはんを食べる」ことを実践しているといえるのではないでしょうか。子どもというのは、食事に限らず、常に目の前のことに全力投球です。

ところが、だれにとっても生存に直結する「食べる行為」がいつの間にか疎かになっています。このことに気づかせてくれるのが「マインドフルネス」なのです。

それゆえに、マインドフルネスの提唱者であるジン博士は、暗闇ごはんを最初に体験したとき、真っ先に「これはマインドフルネスの真髄だ」「食べるマインドフルネスだ」といったのです。

「マインドフルネス」のために実践される「瞑想」は、まだ自分には敷居が高いと思っている人でも、「食べるマインドフルネス」と称される暗闇ごはんのワークショップなら簡単に参加できます。いつもよりじっくりと時間をかけて食べることで、思いもよらない気づきを参加者にもたらすのです。

気づくことで行動が変わる

暗闇ごはんでは、見えないという恐怖があります。恐怖があるから「何だろう」と考えながら、匂いを嗅ぎ、手で触り、口に入れて食感をたしかめます。視覚以外のすべての意識を、提出された料理に向けるのです。

これまで何度か用いた「一生懸命ごはんを食べる」という言葉もそこにつながってきます。食事と懸命に向き合っていればこそ、「食べ物は自分の体をつくります」などと言われたときに、「なるほど」と腑に落ちるわけです。そして、これが「行動変容」につながります。

行動変容とは、人の行動が変わることをいいます。人が行動を変える場合は、

無関心期→関心期→準備期→実行期→維持期

の5つのステージを通ると考え、ステージを1つでも先に進むには、いま、どのステージにいるかを把握し、それぞれのステージに合わせた働きかけが必要だというものです。

この行動変容ステージモデルは、1980年代前半に禁煙の研究から導かれました。行動変容は医療の世界では生活習慣を変える「行動療法」と同義でも用いられます。

例えば喫煙の習慣を変えるために、禁煙に無関心の人には喫煙のデメリットを伝え、禁煙を開始しようと考える人には禁煙開始日の提案などをおこないます。

「無関心期」への働きかけは、「このまま喫煙していてはいけない」と思ってもらったり、まわりへの影響を考えたりしてもらいます。

「関心期」には喫煙しつづける自分をネガティブに、禁煙する自分をポジティブにイメージします。

「準備期」には禁煙することに自信を持ち、チャレンジすることをまわりに宣言します。

「実行期」と「維持期」には、まわりからのサポートを活用し、禁煙をつづけることに〝ごほうび〟を与えたり、禁煙しやすい環境づくりを考えます。

行動変容のプロセスは、必ずしも「無関心期」から「維持期」に順調に進むとはかぎりません。「実行期」に入っても前のステージに戻ってしまうことも起こり得ます。対象者がこのステージのどこにいるかを調査し、そのステージごとに適した支援をすることにより、生活習慣の改善を効果的に進めることができます。

この行動変容ステージは、食事や運動など健康に関する行動について幅広く研究と実践が進められています。ビジネスの領域でも応用されています。

ビジネスにおける行動変容も、何らかの働きかけによってうながされる自発的な行動変化をつくり出し、コミュニケーションの多様化などに活かされています。

企業に向けた暗闇ごはんの研修も、食べることに意識を向けてもらって行動変容をうながしていきます。行動変容につながらなければ、研修をする意味はありません。

暗闇ごはんで食べることに意識が向かない人は、ふだん仕事の話をしているときも、「ああ、そうなんですね」と聞きながら、別の仕事のメールの文面を考えているのかもしれません。それは合理的であるように見えて、長い目で見たときには、決して合理的ではありません。

暗闇ごはんに問い合わせをしてくる担当者の中に「うちの会社はもう組織がガチガチにこんがらがっている状態で、ほとほと困っています」と訴える人がいます。皮肉なもので、自分もそのガチガチに凝り固まった組織の中の一員だということに気がついてません。

こういう人が暗闇ごはんを体験することで、自分に何が足りないのか気づきます。ルール改定や組織の改編などで、企業のこんがらがっている部分をいきなり強い力でほどこうとするのでなく、一人ひとりの意識を変えていくことで、ゆっくりとほぐしていき、最終的に組織を構成する一人ひとりに行動変容をうながす。それが暗闇ごはんです。

「働き方改革」といわれますが、「働き方」というよりも、「生きる姿勢」が変われば、仕事への姿勢はおのずと変わってくるものです。新しい言葉をつくってそこに落とし込むよりも、「行動変容できる人」を増やしていく取り組みの方が大事だと私は考えています。外側からの変革を強制するのではなく、内側からの自発的な変化をうながすというやり方です。

マルチタスクという罠

近年、安倍晋三総理（2020年時点）が提唱する「働き方改革」も後押しして、企業では生産性を重視するようになりました。そうした中でもてはやされたキーワードに「マルチタスク」があります。

マルチタスクとは、複数の作業を同時にすることをいいます。もっぱらできるビジネスマンの仕事方法と思われがちですが、実態はそのかぎりではありません。スマホをいじりながら食事したり運転したりする「ながら行為」は、その典型といえるでしょう。2つの仕事を同時におこなうと、作業効率や生産性を悪化させ、事故を引き起こしたりするとの指摘もありますが、言葉の意味としては「効率的かつ生産的」であるかのようなイメージを我々に与えます。

実際、マルチタスクは脳に悪影響を及ぼすことがあるといわれます。マルチタスクをしているとき、それぞれの仕事は脳の中の別の領域で処理されていて、それを短時間で頻繁に切り替えをすることで学習能力や判断能力の低下につながるとの指摘もあるほどです。

暗闇ごはんは、「食べる」という1つのことに集中します。いわゆる「マルチタスク」とは真逆の行為です。

世の中には複数の作業をいっぺんにこなす能力を持つ人もいますが、実際は作業順序を考えた上で、単一の作業を集中して短時間でこなし、それが終わった後に頭を迅速に切り替えて次の作業をしているのです。これこそ、マインドフルネス的な仕事法であり、マルチタスクではありません。

ビジネスの世界では、「あれもやらなくては」「これもやらなくては」という場面が常に生じます。それら並列に存在しているように思われる仕事も、実際に対応するのは一度に1つです。時系列に並べてみれば1本につながります。一つひとつに集中してこなしていく、いわばシングルタスクの高速化がより合理的。それを暗闇ごはんから学んでほしいと思います。

コミュニケーションを深めるには

暗闇ごはんを始めてから、意外なワークショップの「副産物」を指摘されるようになりました。それが「参加者同士のコミュニケーションの深化」でした。暗闇の中で、「どうぞご歓談ください」といわれたとき、ふだんの明るいときと会話の内容はどう違うでしょうか。暗闇ごはんに参加した皆さんには、「そういうことを意識しながらお話ください」と振ることにしています。

例えば29ページのように野菜のテリーヌの食材を当てるゲームでは、グループによってさまざまな会話がなされます。あるときにはグループのメンバーの1人が「わかりました。私はテリーヌを右側から食べます」といい出したことがありました。するとグループの全員が右側から食べるようになる場合があります。

その一方で、とりあえずそれぞれのメンバーが自分のやり方で食べ始めて、「あっ、ブロッコリーがあった」といわれて、「ブロッコリー？　こっちにはないな。僕が食べたのは人参だと思う」と、行き当たりばったりの投げ込み型のコミュニケーションをとるグループもあります。

グループにどのようなメンバーがいるかによって「テリーヌの食材当て」という問題解決に際して、食べ方や会話の進め方が違うことがおわかりかと思います。といっても、このゲームには正しい問題解決の方法があるわけではありません。「リーダーシップがあればいいのか」「各々が自発的に動くのが悪いのか」、などという話ではありません。

ふだんは何となくやり過ごしてしまう会話についても、コミュニケーションに意識を向けて観察すると、「このグループはこの人が中心になって話しているのか」とか「こういわれたのに対し、この人はこう返すのか」などと会話の流れやグループの中での一人ひとりの立ち位置などが浮き彫りになり、非常に興味深いものです。

さて、暗闇ごはんの現場でなければ、「これ、ブロッコリーだよ」「いや、僕は人参を食べてます」という会話は成立しません。ブロッコリーと人参、同じ食材を食べていないのに、「この味は何だろう」と議論してもますますズレるだけで、問題解決からは程遠い結果となるでしょう。

こういう会話のズレは、日常業務の中でもよくある話です。ある案件について、一生懸命、「こうやらなきゃいけないんです」と主張している人の横で「この案件、そんなに優先してやらなきゃいけないことでしたっけ」とか「そもそも、この案件はうちの課が主体でしたっけ」といい出す人がいることもあります。

話題にしているのは野菜のテリーヌという同じメニューなのに、同じ食材を口にしていない状態と同じです。

このようなズレも暗闇という非日常の状態にすることによって、「見える化」できます。こういった会社の日常業務につながる仕掛けが暗闇ごはんには多数用意されています。

話がかみ合わなければ、問題点を指摘して修正するしかありません。その結果、コミュニケーションの深化が生じます。この変化が組織に持ち込まれれば鬼に金棒です。強い組織は例外なく、上司と部下による一気通貫のコミュニケーションに満ち溢れているものです。

体験の共有が組織を強くする

第1章で暗闇ごはんの模様を紹介しました。その冒頭で、席に座った時点で隣にだれがいるのかわからない状態を「大宇宙ひとりぼっち」と名づけました。いわゆるよりどころのない不安な状態です。

振り返れば、会社に入社したとき、進学したときなど、ここは新天地、まわりにだれも知っている人がいないという期待と不安が入り混じっている状況は、だれにも経験があるものです。しかし、ある程度年齢を重ねて社会生活に慣れてくると、こういった環境は、あまり経験できなくなってきます。

社内で新しい部署に異動しても、「ああ、久しぶりです。昔、支店で一緒に仕事しましたね」ということも多く、年齢を重ねれば重ねるほど、ひとりぼっちの状態をつくるのは難しくなります。

そこで、強制的にひとりぼっちの状況をつくり出しました。これが「大宇宙ひとりぼっち」です。ここまでお読みであれば想像できるかと思いますが、「大宇宙ひとりぼっち」の環境に身を置くと、ストレスが生まれます。ストレスをいったん与えた上で、できるだけ速やかに対処します。ストレスの感じ方には個人差がありますが経験則上、年齢を重ねた参加者のほうが強いストレスを感じるようです。

その対処方法が「暗闇じゃんけん」です。「暗闇じゃんけん」では、お互いに手で触れ合ってじゃんけんの確認作業をしますが、ゲームの勝敗の確認作業自体は実はあまり重要視してはいません。

いちばん大切なことは、「両手を握る」ということです。ビジネスシーンでも片手で握手することはあっても、両手を握るということはあまりしません。

お互いに両手を預けるというのは信頼の証。「手の内を明かします」「敵ではないですよ」ということを伝え合うことでもあります。温もりも伝わります。

向かいにいる人が敵ではないことがわかれば、不安も少しは払拭されるものです。「大宇宙ひとりぼっち」の不安な状態から「暗闇じゃんけん」で手を握ることによって信頼の証が芽生えます。

さらに敵ではないとわかった者同士が、「自己紹介」でコミュニケーションをとることにより、「共通認識」が生まれてきます。これがコミュニケーションを深化させる仕掛けにほかならないのです。

「共通認識」にはもう1つ仕掛けがあります。暗闇ごはんではとりわけ1品目の料理を提供する際に音を立てないように細心の注意を払います。そうすることによって、参加者は「えっ、全然気づかなかった」というような驚きの感情も、周囲の参加者と共通で持つことができます。

怒りでも、哀しみでも、喜びでも、喜怒哀楽、何でもいいのですが、共通の感情を持つことは、コミュニティの醸成に非常に効果的です。

そして、料理を食べながら「これは何だろう？」と隣や向かいの人とコミュニケーションをとっていくという流れになります。

まったくの1人っきりの不安な状態から、近くにいる人とコミュニティを築くまでを、できるだけ短い時間で、最短のルートでつくっていきます。これが暗闇ごはんでいう「アイスブレイク」です。

アイスブレイクというのは、初対面の人同士が出会った際、その緊張を解きほぐすための手法です。自己紹介や簡単なゲームをして場を和ませ、コミュニケーションをとりやすい雰囲気をつくり、そこに集った目的の達成に積極的に関わってもらえるよう働きかける技法です。一般的には参加者の不安や緊張を氷にたとえ、「硬い氷を溶かす」という意味で使われますが、暗闇ごはんでは意識的に仕組み化することで、研修を終えた後の参加者同士の話のネタになればと思っています。

「暗闇ごはん」は中間管理職に効く

ある企業の人事担当者から「新入社員に暗闇ごはんは効果はありますか?」という質問がありました。

結論からいうと、新入社員より中間管理職、中間管理職より役員などへの方が効果的であるといえます。また、その組織での在職期間が長ければ長いほど有効であるともいっていいでしょう。まだ組織のカルチャーに染まっていないピュアな状態の新入社員が体験しても、「面白かったね」という共通の体験を得ることや、ものごとの見方を変えていくことは大変役に立ちます。しかしそれ以上に、年次が上の人の方が気づくことが多くなる傾向があります。これはバイアスが強い人ほど、暗闇ごはんを体験する意味があることを意味しています。

同じ組織に長くいて、ある程度のマネジメント層になると、会社の社風に染まってしまって、ものごとの見方も固定化しています。

何をどうしたらいいのかわからないという状態のとき、思考が固定化されていることにも気づいていない人に対し、「だいぶ固まっていますよね」ということを体感させることができるのが暗闇ごはんです。

多くの会社で、マネジメント層と一般職とで働くことに対する意識の隔絶があります。特に目標と熱意、満足度で差が大きく現れる傾向にあり、これが知らないうちに経営にも影響しています。

大きな会社の各地方の課長クラスの中間管理職を集めて暗闇ごはんを実践すると、「社内コミュニケーションをもっと活性化したい」とか「情報を共有したい」など、さまざまな悩みが顕在化します。

暗闇ごはんの研修は、マネージャー向け、経営幹部向け、入社3年目向けなど、中身をそのつど変えています。オーダーメイドの企業研修が暗闇ごはんの特徴ともいえるでしょう。

ハイコンテクストとローコンテクスト

アメリカの文化人類学者エドワード・T・ホール博士が1976年に唱えた「ハイコンテクスト社会」「ローコンテクスト社会」という識別法があります。「コンテクスト」は文化、慣習、価値観などのことです。

「ハイコンテクスト」というのは、コミュニケーションや意思疎通におけるお互いの言語や価値観、考え方などが非常に近いことです。民族性や経済力、文化度などが近い人たちが集まっている状態で、言葉ですべて説明しなくても、意思疎通がしやすい社会を指します。すべてを説明しなくても相手にわかってもらえるのは、文化や言語を共有しているからです。

日本は「以心伝心」や「空気を読む」「行間を読む」「ツーカーで気持ちが通じ合う」「阿吽《あうん》の呼吸」という言葉があるように、典型的なハイコンテクスト社会です。日本のほか、中国、韓国のような東アジア圏も同様です。

一方、「ローコンテクスト」は、じっくりと説明しないと理解してもらえない文化といえます。さまざまな人種がいて価値観も多様なアメリカや、スイス、フランス、オーストリアなど欧米に多いのが特徴です。

ローコンテクストの国々は陸続きの国境で接しており、領土を巡って戦争をしたり、いろいろな民族が混じっているために民族同士が衝突したりという歴史を繰り返してきました。

こうした国々では、契約書の作成はもとより、1対1のコミュニケーションにしても、お互いにきちんと言語化して、「つまり、おっしゃっていることはこういうことなんですね。これで間違いないのですね」と確認するカルチャーがあります。

スイスが金融国家といわれる所以はローコンテクストに由来するというのは、あながち否定できません。例えば投資に関して顧客との間でトラブルが発生しても「だれの責任になるんだ⁉」ということがあらかじめ明文化されていることが信頼につながるからです。

このように文化の共有ができていないときには、すべて言葉で正確に意図を伝えなければなりません。その場合、表現力や論理的な説明能力、ディベート力といった、コミュニケーションについての能力が重視されます。

21世紀のグローバル社会で求められるコミュニケーションスキルこそ、ローコンテクストのルールに基づいた交渉力です。国際社会においては日本社会も例外ではありません。異なる価値観や歴史などが共存するグローバル社会では、なあなあで済ませるハイコンテクストのコミュニケーションだけでは勝負できないのです。

グローバル社会では、いくら頑張っても自己アピールしなければ「コミュニケーション能力はゼロ」と評価されてしまいます。素晴らしいアイデアが浮かんでも、相手に伝えきることができなければ、なかったことと同じです。

現在、日本のビジネス環境もローコンテクスト化が進行しています。インバウンドブームや外国人労働者の増加などもありますが、日本人同士でも若手社員と管理職の間での感覚の相違は昭和の時代とは比べ物になりません。若者と中高年のジェネレーションギャップに悩む企業が増加しているのも、ここ数年で実感することです。

私たち日本人は、「空気を読んで察する」ことには慣れていますが、ローコンテクストが非常に苦手です。「あれ、やっといて」で済んでいたものが「何をどのような手順で、いつまでに完成させてほしいのか」ということを綿密かつ確実に伝えなければなりません。

暗闇ごはんでは、参加者がインプットした情報を第三者に正確に伝えることも大きなポイントの1つです。そもそも暗闇の中では、ハイコンテクストコミュニケーションは一切通用しないのです。

例えば、参加者の1人が「これ、おいしいよね」というと、別の参加者からは「これってどれですか?」いう答えが返ってきます。別方向からは「だれに向かっていったの?」という質問も飛んできます。この場合、「スズキさん、お皿のいちばん右にあるカリカリした食感のもの、おいしいですよね」という具合で話をしなければなりません。そうでないと、いいたいことが何も伝わりません。

暗闇ごはんを体験すると必ず、いかに自分がハイコンテクストなコミュニケーションをとっていたかということがわかります。そして、ローコンテクストにしていく大変さを痛感します。

しかし、視界を遮られた環境に身を置くと、不思議なもので、ローコンテクストの文脈できちんと説明することはできるのです。ふだん自分が使っていないもの中には、意識していないだけで、眠っているたくさんの武器があります。そうした無意識の武器を、切羽詰った状態で使うことで再発見できるのも暗闇ごはんの特徴です。

新入社員時代、「何をいつまでにやってほしいのか、相手にしっかりと説明し、だれが責任者なのかもきちんと伝えること。こうやって仕事を進めるように」と習ったと思うのですが、やはりある程度年齢を重ねると、「ああ、これはいわなくてもわかるな」というふうになっていきます。

そんなベテラン層も、暗闇ごはんを経験することで初心に戻ることができます。暗闇ごはんには、近い将来、必ず日本にも訪れるローコンテクスト社会に対応するヒントが詰まっています。

見えない職場環境を可視化する

先日、あるＩＴ企業の暗闇ごはんで新しい試みをおこないました。人事の担当者に進行役の横に立ってもらって、暗闇ごはんのスタートから終わりまで、ずっと見ていてもらったのです。いわゆる「神の目線」になってもらったわけです。

このとき、絵に描いたようなことが起こりました。料理の１つに大根を入れたら、参加した１人が、「カブだ！」と大声で言いました。実はその６人のグループの中で１人だけ、「大根じゃないの？」とつぶやいた人がいました。

しかし、大声の「カブだ！」に対して小声の「大根じゃないの？」では、太刀打ちできなかったのか、最終的にみんな、「やっぱりカブだね」といって、「大根」の声はかき消されました。まさに、46ページのような典型的なデマゴーグの展開です。

「こういうことって、会社内でも起こりますか」と横にいる人事担当の人に尋ねたら、

「起こったら大変です」と怖い顔をしていました。カブと大根だから、どちらに転んでもそれほどの影響はないと思われますが、これが企業の大事な選択の場面だったら、大変なことになります。

「大根じゃないの？」という声にだれも耳を傾けず、大きい声のほうに賛同するという暗闇ごはんの「あるある」を間近で見ると、やはり人事担当の人も笑ってはいられないようでした。

これを受けて、暗闇ごはんの実践後、「実際、職場でどういったことがあったのか思い出してみましょう」とセッションしてもらいました。

すると、人事部や総務部が「うちの会社の問題点はここにある」と考えていた以外のところにも、実は根本的な問題があるということに気づくことがあります。つまり、いままで気づかなかった社内のニーズに気づくことができるわけです。

チームビルディングに活用する

「チームビルディング」とは、メンバー一人ひとりがそれぞれの個性や能力を発揮しながら一丸となってゴールを目指すチームになるための取り組みです。ラグビーの日本代表チームが「ONE TEAM」を掲げて猛練習に取り組んだ結果、２０１９年のラグビーワールドカップではベスト8という成績を収めたことを思い出す人も多いでしょう。

チームビルディングにおいては、お互いの多様性を認めて協力し合う関係性を築くことがポイントです。

お互いの足りないところを補完しながら一緒に作業をしていくと、リーダーやメンバー間の距離が縮まり、困ったことがあってもすぐに相談するなど、チーム自身の力で問題解決を図るようになります。

各自が積極的にチームに関わるようになると、メンバーそれぞれのパフォーマンスも向上し、切磋琢磨しながらゴールに向けて行動するようになります。当然、生産性の向上にもつながり好循環をもたらします。

メンバーと一緒に取り組む楽しさや一体感を経験することで、チームは短時間で強化され、新規事業の立案やイノベーションの創造といった効果が現れます。自衛隊への1日入隊など体験型の企業研修の多くが、チームビルディングを強化することを目的に実施しているのは、いかに組織が一体になることが難しいかを端的に示しています。

肉体を酷使するハードな体験ではなく暗闇ごはんでも、チームビルディング強化につながることは、これまでの研修実績からも明らかです。

実はチームビルディングにおいては、チームのメンバーの特性を冷静に判断し、その空間を快適に維持することが求められます。例えば、暗闇ではだれかが話しているときに言葉をかぶせると、その瞬間、どちらかが必ず引きます。明るい場で議論が白熱すると、ワーッと複数の人が一斉に発言することがありますが、暗闇ではできません。

そうすると、「この人はどういうコミュニケーションをとる人なんだろう」「どういう話の流れをつくる人なんだろう」ということを冷静に感じ取ることができます。

それにより「この人はオラオラ系で、論理的じゃない意見でも大きい声で主張するな」とか「この人はおとなしく発言数は少ないけれど、最後にうまくまとめてくれたな」などということが見えてきます。つまり、チームをよく知ることができるのです。そこからチームの構築、すなわちチームビルディングが始まるのです。

暗闇ごはんで、例えば前菜の3品を「右側から順に食べていこう」というように、暗闇の中、食べる順番をグループ全員で共有することを提案する人がいます。そして、「これ、何だと思う?」「どう思う?」と全員の意見を聞き、「キノコと海苔を和えたものじゃないでしょうか」などと導き出された情報を、これまた全員に分配していく。

こういう人は多様なメンバーが混在するチームにおいてリーダーとしての特性があ

るでしょう。

一方、野菜のテリーヌの食材を当てようとするとき、おそらくオクラを食べたのに、「これはインゲンだ」と大きな声で主張する人は、混沌とした状況をトップダウンで一気にまとめ上げる素質があるといえるでしょう。

暗闇ごはんでは、ビジネス上のさまざまなシチュエーションにおいて、コミュニケーションがどのような結果を生むかということを冷静に判断する材料を提供します。それと同時に「自分はこういったリーダーシップをとるタイプなのだ」「こういったアプローチでリーダーシップをとる人とはコミュニケーションをとりやすい」ということにも気づいてもらうことができます。

ロールプレイングを実践する

企業や組織の営業研修などでよく利用されるロールプレイングは、暗闇ごはんでもおこないます。ただし、暗闇の中でおこなう分、方法論とその狙いは少し違っているかもしれません。

ロールプレイング（役割演技）は、現実に起こり得る場面を想定して、複数の人が営業マン、顧客などそれぞれの役を演じ、その疑似体験をすることによって、現実に同じような問題に遭遇したとき、適切に対応できるようにするという教育方法です。営業や接客スキルの向上、リーダーシップを身につけるために用いられています。

ロールプレイすることで、社員やスタッフ一人ひとりの具体的な課題があぶり出され、対応策も具体的に考えることができます。

また、初対面の人と話すというのは、かなりの緊張を伴うもので、話すことが苦手な人もいます。ロールプレイングを何度も繰り返すことで、そういった面も克服できるというメリットがあります。

暗闇ごはんのロールプレイは、暗闇でおこなわれる分、人見知りする人も積極的に参加することができます。

さらに、これまでの経験では暗闇ごはんのロールプレイは、企業の買収や子会社同士による合併の際に特に効果を発揮すると感じています。

各々の企業によって組織カルチャーが違っていて、それに長い間慣れ親しんだ社員たちは、仕事の方法もそれぞれ違っています。それでも、企業が合併して1つになったら、別々の企業文化で育ってきた人たちを1つのチームにまとめなければなりません。

暗闇ごはんのサラダにかけるドレッシングは、サラダの内容がきゅうりであろうが、人参、大根でも一緒です。一方で、人参や里芋など野菜の炊き合わせは、それぞれ違う出汁で調理しています。暗闇の中では、その違いがより鮮明に感じられます。

両方を順番に口に入れて食べ比べ、炊き合わせ派とドレッシング派に分かれて、それぞれのいいところをプレゼンテーションしてもらいます。ある程度、話をしてもらったら、今度は逆の立場になって、ドレッシングのメリットやデメリット、炊き合わせがいかにおいしいか、熱弁してもらいます。

グループごとに分かれて、それぞれの役割をその都度変えながら何度もロールプレイします。それぞれの立場に立つことで、いろいろな角度から視野を広げて考えることができ、それまで気づかなかったことを思いつく場合もあります。

「うちの会社はけっこう古い体質で、いわばドレッシング型だけど、その分、こういうときには強みがある」とか「うちは外部の会社と一緒に仕事をすることが多いので、いわゆる炊き合わせ型かもしれない。だから、こういう弱点があるので気をつけている」「うちの会社は薄味のドレッシング型なので、マヨネーズも少し入れたい」など。

組織カルチャーということについて、その中にどっぷり浸かっている間はあまり考えないものです。それを食べ物をテーマに話をして、自分の企業カルチャーはどちらなんだろうと気づいてもらうだけでも大きな収穫です。これもぼんやりしたものを言語化する一環です。

「カツオ出汁とゴマ油のドレッシングを混ぜたら、こんな味になりました」という主張があって、それが集まった方の納得いくものなら、新しいカルチャーとしてスタートしていくのではないでしょうか。

「トマトの透明スープ」とノンバイアス

暗闇ごはんを象徴する料理の1つに「トマトの透明スープ」があります。毎回、必ず出しています。なぜトマトの透明スープなのでしょうか?

理由はいくつかありますが、まず全世界の人が食べたことのある食材であろうことが挙げられます。次に、あまりアレルギーがないこと。そしてその特徴的な赤い色です。

このトマトの透明スープは、赤いはずのトマトが透明な色になることで、食材をいい当てることが難しくなる「偏った見方」を象徴する料理として、お出ししています。タネ明かしで赤くないスープを見ると、「パプリカではないか」「いや、茄子だ」「きゅうりだ」というふうに想像が広がっていきます。

これは私たちが持っている「バイアス」のせいです。バイアスというのは偏見と置き換えていいでしょう。「バイアスがかかっている」は「あるものごとの見方が偏っている」という意味になります。

例えば「女性は料理が上手」「男性は格闘技が好き」というような性別による固定観念を持っているということは、すでにバイアスがかかっている状態であるともいえます。自分では公平に判断をしているつもりでも、どうしてもその人の固定観念が反映されてしまいます。

これをふだんの生活に置き換えれば、非常にもったいないことをしているのかもしれません。

国際情勢が激変している現代社会では、国家間のトラブルが、従業員同士の関係に悪影響を与えてしまうケースは少なくありません。これまで良好だった外国人の同僚との関係が、国際関係の緊迫により、険悪になってしまったという話もよく耳にします。

これこそ、実に無意味なバイアスといえるでしょう。ただ、こうした事実は、多国籍企業では差し迫った問題として取り組まざるを得ない状況となっています。

そうした場合は、「トマトの透明スープ理論」を応用してはどうでしょうかと提案しています。国籍の問題を「食」に置き換えることで、参加者は自分が置かれている状況を客観的に見ることができるからです。

視覚情報を遮断して、この味は何なんだろう、香りは何なんだろうと考えれば、トマトであることがわかります。同じように、出身地などの本筋とは関係のない情報を削ぎ落とし、「仕事仲間としてどうなんだろう」「友達としてどうなんだろう」という観点から見たら、いままでどおり「本当にいい奴じゃないか」と思えるようになるのではないでしょうか。

いらない情報を削ぎ落としてみると、人間関係もシンプルになります。余分な情報が付随することでこれまでの良好な関係が崩れるのは、お互いのためになりません。

このようにトマトの透明スープを通して話をすると、参加者は一様に腑に落ちた表情をします。トマトは非常にわかりやすい例なので、自然と頭に入るようです。

ビジネスシーンでは、「認知バイアス」「確証バイアス」という言葉がよく使われます。

どちらも心理学の用語で、「認知バイアス」は、ある事象に対して自分に都合がよくなるような考えに偏ること、「確証バイアス」は有利にものごとを進めたいがために、自分の都合のいい情報だけを選んで集めてしまうことだとされています。結果、不都合な情報を無視して失敗することもあります。

「自分が正しい」と自信を持つことも、1つの偏見といえます。バイアスを回避するためには、ものごとの多面性に目を向ける必要があるでしょう。

バイアスの仕組みが理解できれば、これを抑制しながら、より適切な判断ができるようになると思います。

一方、「アンコンシャス・バイアス」は、偏りに自分自身が気づいていないことを指します。「無意識の偏見」といえるものです。

人間は皆、何らかのアンコンシャス・バイアスを持っていて、それがネガティブに作用することがあります。仕事をしている最中でも、ふとひと息ついたときの何気ない行動や言動にアンコンシャス・バイアスが出る場合があります。

見た目で人を判断していることはありませんか？「あの新人、体が大きいから力仕事などの雑務に向いているな」とか「女の子には責任のある仕事を任せるのは控えよう」などと思ったり。

ビジネスシーンでは、パワハラやセクハラ、モラハラなど「ハラスメント」になる可能性も高く、モチベーションの低下や離職の原因となります。

暗闇ごはんではこのアンコンシャス・バイアスも視野に入れた研修をおこなうことが可能です。自分の中にあるアンコンシャス・バイアスに気づくために、暗闇ごはんを体験することをおすすめしています。

結局、アンコンシャス、つまり「気づいていない」ことがいちばんの問題で、自分の考えには偏見や思い込みからバイアスがかかっていると自覚してそれに向き合うことができれば、あとは自ずと修正していくことができます。

組織でも一人ひとりがアンコンシャス・バイアスに意識を向けることができれば、職場の安全性が高まって、働く人は安心して力を発揮できる雰囲気になり、個人のパフォーマンスも向上します。

ダイバーシティ経営に活用する

いま企業は、ハラスメントやアンコンシャス・バイアスをなくして、「ダイバーシティ経営」を目指しています。それが社会の1つの流れになっています。

中には流行りだからやらなくてはいけないと考えている企業もあるかもしれません。なぜ、アンコンシャス・バイアスをなくそうとするのか、根本的なところまではあまり考えていない企業もあります。

ダイバーシティも働き方改革も、「ほかの企業が推進しているからうちもやろう」「やらないと批判されそうだからやろう」「取り残されないようにやろう」。そういう企業もあるでしょう。

だから、「どうしていいかわからない」という人事担当者の悩みが生まれます。

ダイバーシティとは多様性を意味します。企業でいう「ダイバーシティ経営」は、性別、人種、国籍、宗教、年齢、学歴、職歴などの違いで差別をせず、幅広い人材を積極的に活用して競争力を高める取り組みを指します。もともとはアメリカで、女性やマイノリティの積極的な雇用や差別のない処遇を実現しようと始まったものですが、日本にもこの流れが訪れています。有能な人材の発掘、斬新なアイデアの喚起にもつながると考えられ、日本の企業もダイバーシティ経営が成功すれば、人材不足は元より、職場環境も大幅に改善することになるでしょう。

現実に、宗教への心理的なハードルの高い日本でも海外の人、イスラム圏など日本とはまったく異なった文化的背景を持つ人たちが多く働いています。それが当たり前の世の中になっています。そんな中、特定の信仰を持つ人を差別するようなことがあっては、国際的な大問題になりかねません。

その上、自分は差別などしていないと思っていながら無意識のうちに差別的な言動をおこなっていることも多く、その原因は、異文化に対する自覚のない差別意識ですから厄介です。そこでアンコンシャス・バイアスをきちんと学んでいこうということになるのです。

いつか、会社の自分の隣の席に国籍も民族も宗教も異なる人がやってくるかもしれません。そんなときでも、バイアスをかけずに接していきたいものです。これからの国際社会の中で生きていくためには必要な感覚の1つです。

さまざまな国からいろいろな人たちがやってくる時代だからこそ、アンコンシャス・バイアスを理解することが肝要です。それをうながすための土壌づくりとして、暗闇ごはんはふだん気にしなかった部分にきちんと気づかせてくれます。

ダイバーシティ推進施策をしても期待するような成果が出ない原因は、アンコンシャス・バイアスにあるのかもしれません。

LGBT対策が遅れている日本企業

ＬＧＢＴは、レズビアン（女性同性愛者）、ゲイ（男性同性愛者）、バイセクシャル（両性愛者）、トランスジェンダー（性別越境、性別違和）という英語の頭文字からとった性的少数者を表す総称です。

最近、生まれながらの性別にとらわれない在り方が見直されています。同性間の結婚や、結婚と同様の権利を認める動きが世界中で活発化しています。２０１９年の株式会社ＬＧＢＴ総合研究所の調査によれば、ＬＧＢＴに該当する人は、回答者全体（約42万人）の10パーセントに上るという結果が出ています。

しかし、日本の企業ではＬＧＢＴに対する理解が進んでいるとはいいがたい状況といわれています。日本労働組合総連合会が実施した「ＬＧＢＴに関する職場の意識調査」によると、職場に同性愛者や両性愛者がいることに抵抗を感じる人は、３

人に1人というデータがあります。

ＬＧＢＴ対応が進まないと、偏見を持たれたりすることへの不安などから社員が性別を隠さざるを得ず、そのストレスから仕事に集中できなくなるというケースもあります。

ＬＧＢＴへのきちんとした対応は、社員のモチベーションアップや優秀な人材の獲得、離職防止、生産性向上など人材戦略の強化にもつながるともいわれています。

差別をしないという社内規定を明文化したり、ダイバーシティ推進室を設置したり、ＬＧＢＴ研修を実施したり、福利厚生の規定を同性カップルにも適用したりといったＬＧＢＴ支援プログラムを規定する企業も少しずつ増えていますが、まだまだ充分ではありません。

社員がＬＧＢＴの知識をきちんと身につけると、コンプライアンスを遵守することにもつながります。顧客や取引先に対して適切な対応ができるようになります。暗闇ごはんの実践によるアンコンシャス・バイアスへの意識の高まりを、ＬＧＢＴ対応の一環として活用する企業もあります。

コラム

声だけのコミュニケーションによるメリット

初対面の人と「芸能人のだれだれさんに似ていますよね」といった話はよくあります。しかし、「あなたの声、だれそれさんっぽいですね」というようなことは、あまりいいません。

暗闇ごはんは、相手の声に集中します。声ですべてのコミュニケーションをとるからです。また、しゃべらないと自分の存在を示せません。仮に5分しゃべらないと、「あれ？　僕の前ってだれかいましたっけ」となり、「います、います。ごめんなさい、ちょっと静かにしてました」なんていうことになります。

暗闇ごはんの最中、しゃべり続けないといけないという強迫観念を持つ人もいますし、それを逆手にとって、まわりがにぎやかにしていることに頼り、自分からは積極的にしゃべらない人が出てきたりします。

興味深いのは、見た目にだまされることがないということです。

暗闇ごはんは、席に座った時点では、隣や向かいにだれが座っているのかわからない状態です。

企業の研修ではない一般の開催で起こったことなのですが、あるとき学者風のまじめそうな中年男性の前に、絵に描いたようなギャルが座りました。

普通ではしゃべらないどころか、同じテーブルにつくこともないような2人です。

しかし、暗闇ではすごく話が盛り上がっていました。

そして、意外なことにアイマスクを外して「はじめまして」となった後も、会話が弾んでいたのです。

男性は、「これまで〝ギャル〟ってどうしようもない人たちだと思っていましたが、いろいろなことをちゃんと考えているんですね。びっくりしました」と語っていました。自分自身のバイアスに気がついた瞬間だったのです。

3章

「暗闇ごはん」で人生が変わる

「暗闇ごはん」誕生秘話

サラリーマンやＯＬ、自営業者から学生に至るまで、「暗闇ごはん」は対象者を選ばないのが大きな強みです。第２章では企業研修の視点から解説しましたが、個人的な興味から体験してもらっても、必ず楽しんでもらえると自信を持っています。

そもそも暗闇ごはんは、寺の後継者として生まれながらも一度海外へ出て、改めて日本に戻ってきた私にとって、ライフワークとも呼べるものです。僧侶でありながら学生や社会人を経験したことで、私自身が社会とより密接に関わり合いたいと思ったのは必然だったのです。

私が初めて暗闇ごはんを実施したのは、２００６年の夏至《げし》の日です。最初は「暗やミール」という名前で、ＮＰＯ団体と組んで浅草・緑泉寺で開催する月１回のイベントでした。

当時は「日本初のブラインドレストラン」として話題になりましたが、何年か続けるうちにこのＮＰＯ団体が目指していたものと違う方向性に進むべく、新たに暗闇ごはんを考案することとなります。

私が暗闇ごはんを発案したきっかけは、アメリカでの体験でした。私は大学２年のときに留学で渡米、その後大学院にも進んで、カリフォルニア州立大学フレズノ校でＭＢＡ（経営学修士）を取得しました。余談ですが、その頃が人生でもっとも熱心に勉強をした時期でした。

さてＭＢＡ、つまり経営学を専攻したのは、お寺の家に育ったものの、敷かれたレールの上を行くことを嫌った当時の私は、お坊さんとは正反対の生き方をしようと考えていたからです。

やりたかったのは経営コンサルタント。社会の中心で世の中を動かしているイメージを持っていました。ビジネス、つまりお金に深く関わる職業で、お坊さんとはまさに対極にあるとも思っていました。

アメリカに留学した理由はもう1つ、日本にいると、いくら東京から離れた場所で勉強していても、親や檀家さんが「帰っておいで」といってくるだろうし、私も里心がついてしまうのではと思ったからです。

さて、大学院で専攻したのは、「起業」（アントレプレナーシップ）の分野。ゼミは実践的で、具体的にビジネスを企画して、先生の知り合いの銀行マンにプレゼンテーションをすると、「これなら何万ドル融資できる」といってくれました。実際に融資を受け、私たちのチームはアロマテラピー関連のビジネスで起業しました。この経験を通じて、会社をつくって仕事をするとはどういうことかを、非常にリアルに学ぶことができました。

このように、ＭＢＡのコースでは仕事をしながら大学院に通う人も多く、夜学の時間も充実していました。私も昼間はアロマテラピーのビジネスで忙しくし動き、夜は身を入れて勉強と、フルタイムで活動していました。

そういうとき、真っ先に削るのが食事の時間です。だれもが通る道だと思います。

結局、3食ともピザやハンバーガーといったファストフードばかりになりましたが、そのうち外食する時間すらも惜しくなりました。

そこで、勉強机の右側の引き出しのいちばん上に、大量に買ってきたシリアルを入れ、右手でシリアルをつまみながらパソコンの前に向かうというスタイルで、ひたすら仕事や勉強に没頭していたわけです。さながら不眠不休のモーレツ社員といったところでしょうか。

毎日3回の食事はシリアルだけ。パッケージを破いたシリアルをただ口の中に入れるだけなのに、これが大変なストレスになりました。右利きなので、右側の引き出しからシリアルをつまむとパソコンがうまく打てず「この合理的じゃない引き出しめ！」とイライラする始末だったのです。

ならば左側に引き出しがある机を買うべきですが、それすら面倒くさいという有様で、もう完全に頭がおかしくなっていました。

さて、私には卒業後もアメリカに残って仕事をするという選択肢もありました。

しかしその希望はもろくも崩れ去ります。

2000年の9・11（アメリカ同時多発テロ）です。

あまりの衝撃に心に穴が空いてしまい、茫然としていました。「9・11」後、すべての家や、店、車、学校、そして、白人はもとよりヒスパニック系も中国系も玄関に星条旗の半旗を掲げるのを見て、「アメリカは星条旗を大切にする人たちの国なんだ」と理解しました。テロの後、掲げていないのは私たち留学生だけでした。

しかし、だからといって気軽に星条旗を買って、掲げる気にはなれませんでした。「やはり自分は日本人だ。帰るべき場所は日本なのではないか」という気持ちがくすぶり始めたのです。

そのとき、引き出しのシリアルばかり食べてイライラしていた頃の自分を思い出しました。そしてお寺に生まれ育った者としてのアイデンティティを自覚しながら、日本に戻り改めて仏教を学び、お坊さんになろうと決断しました。

日本に帰り、築地本願寺の中にある東京仏教学院で学んでいる最中、いかに自分が余裕のない生活をしていたか、ものごとを余裕のない見方をしていたかに、気づかされることになります。このことがきっかけとなり、「これは自分だけの問題ではないのではないか」「忙しい現代人の中で、きちんと食事をしている人はどのくらいいるのだろうか」という思いが湧いてきたのです。

ブラインドレストランと仏教の融合

効率最優先の現代社会へのアンチテーゼを意識した私は、日本に帰国。仏教を学ぶ決意を固めたある日、久しぶりにゆっくりと都内の繁華街を歩いてみました。昼どき、ほとんどの人が食事中に携帯電話をいじっていました。

食べた料理は2日もすれば、体に吸収され自分そのものになります。自分の肉や骨や血、さらには髪の毛だったり脂だったり、確実に自分の糧になるものなのに、です。このときに私はこう考えました。

食べ物に意識が向かないことは、自分のことに意識が向いていないのと一緒ではないか。食べ物は、明日の自分です。食事を大切にすることは、自分を大切にすること。どうしたら食事に意識を向けてもらえるのだろうか、と。

それで当初は精進料理の会などを実施しました。しかし、上から目線で「食事はこうあるべきです」というのは、自分ができていなかったことをほかの人に強いるようなもの。それではなかなか人に伝わっていきません。

あれこれ模索するうちに、食事の大切さに気づいてもらえる仕組みが必要だと思って考案したのが、この暗闇ごはんだったわけです。そう、暗闇ごはんは、食べることに意識を向け、一人ひとりが自分自身を見つめ直すためのプログラムとしてつくり出したものだったのです。

真っ暗な中で食事をする「ブラインドレストラン」は、海外にもありました。これを日本の食文化と仏教観を融合させたプログラムが暗闇ごはんです。これにより、人間がもともと持っている感受性を刺激したいという野心もありました。

いわゆる「ブラインドレストラン」は1999年にスイス・チューリヒの牧師が始めたものといわれています。実際に視覚障がい者の身になって動いてみるというワークショップをきっかけに、恒久的にこうした体験をできる施設としてスタートしました。その試みは、パリ、ロンドン、モスクワ、北京、上海と、世界各地に広がってきました。

パリの「ダン・ル・ノワール」（暗闇の中で）という名のレストランは、当初、実際に視覚障がい者の気持ちを理解し、その世界を体験してほしいということから開店したといいます。従業員にも視覚障がい者の方が何人もいます。

暗闇の企画の1つに「ダイアログ・イン・ザ・ダーク」というエンターテインメントがあります。ドイツが発祥で、全盲の人の雇用確保とその立場を体験することを目的としたものです。

暗闇の中で食事を体験するのは暗闇ごはんと一緒ですが、ダイアログ・イン・ザ・ダークは「自分は明日になれば弱者になるかもしれない」という感覚を得るのがテーマになっています。

真っ暗な世界だと、私たちはまったく身動きがとれませんが、逆に全盲の人はスタスタと歩いています。

ある全盲の方に、「どうしてそんなに危なげなく動けるのですか?」と聞いたら、パンパンと手を叩くと、こっちの方向からは音がすぐ反響し、向こうからの音はけっこう時間がかかったことから、向こうが広く、こちら側は狭いというのがわかるといいます。「わかりますよね」といわれても、「全然、わかりません」と答えるしかありません。

暗闇という特殊な状態では、いままで強者と思われた人が弱者になります。何かが起こったら、私たちは簡単に弱者に入れ替わるのです。トランプゲームの大貧民(または大富豪)と同じです。自分たちが弱者になったとき、果たしてどうなるんだということを疑似体験するのが、「ダイアログ・イン・ザ・ダーク」なのだと、私も体験を通じて感じました。

デジタルデトックスのすすめ

私が暗闇ごはんを始めた理由の1つとして、食事中も携帯電話やスマホを離さない人が急増していたことが挙げられます。何度もくり返しますが、食事は、自らの血となり肉となって、体をつくり上げる大切なものです。その大切な食事に対して、きちんと意識が向けられていないと感じました。

食事はだれでも1日3回おこなうことだけに、当たり前すぎるのか、軽く扱われ、大切にされません。しかし、食事をしないで生きていける人はいません。だからこそ、ちゃんと食事に向き合ってほしいと思っています。

だれもが子どものころに「マンガ本を読みながらごはんを食べるな」と注意されたはずです。どの時代にもいわれていたことです。お父さんも新聞を読みながら食べて、お母さんに嫌な顔をされていたはずです。それがいま、スマホに替わっただけです。

ただ、私は「ながら食べ」はまだ傷が浅いと思っています。というのも、スマホをいじりながら食事していたら、物理的にまわりの人の目にも見えるから、「この人、行儀が悪いな」ということがすぐわかるからです。

しかし、食事をしている最中に「ああ、この後は会議か。資料全然できてないな」などと考えていても、それは何の動作にも反映されないのでだれにもわかりません。

スマホをいじりながらの食事は、まさに「心ここに在らず」。これこそが現代人の根深い病巣かもしれませんが、スマホを操作しながら食事していることは、「お行儀が悪いよ」と指摘される可能性があるだけマシともいえるでしょう。

流れている時間は常に一定です。目の前のこの時間に集中していることが大切なのです。暗闇ごはんをやっている間は、絶対にスマホは使えません。マナーモードにするのを忘れて受信音が鳴っても、メールが届いても確認することはできません。暗闇ごはんの時間は、デジタルデトックスにもなるのです。

デジタルデトックスというのは、一定期間、スマホやパソコンなどのデジタル機器の使用を控え、現実世界でのコミュニケーションや自然に触れようというものです。

このデジタルデトックス、決して大変なことではなくて、2~3時間の間に届く電話やSNSなどを無視すれば済むことです。「既読」をつけなければいいだけの話です。

ところが、それだけのことがなぜか難しいのです。すぐに既読にしたがり、既読にしたら、すぐにメッセージを返さなきゃいけないという気持ちになります。

また、具体的な用件などないのに、常にタイムラインをチェックしなくてはいけないという強迫観念を持っています。

いま、電車でスマホをいじっている人の多くはゲームをしています。SNS上に配信されるソーシャルゲームやスマホ向けゲームアプリは、結局、時間つぶし以外の何ものでもありません。食事をしながら熱中する必要があるのか、改めて考えてみてはいかがでしょうか。

デジタルにハマることで見失うものが現代人に多い気がするのは、私だけではないでしょう。

すべての料理には意味がある

暗闇ごはんの野菜のテリーヌには、ゼラチンではなく、精進料理でも使える寒天を使い、中に入れる野菜もそれぞれ違った味つけにしています。

大根は昆布出汁、人参は精進出汁で炊き、ベビーコーンは焼くなど工夫をこらします。44ページで紹介したようにパプリカを2種類入れた場合、赤パプリカは1回焼いて皮をむき、寿司酢に漬け、黄色パプリカはそのままピクルスの液に漬けます。オクラは塩を振ってさっと茹でます。ブロッコリーは出汁で炊きます。

いずれも、それぞれの食材がよりおいしいと私が思う調理法です。例えば、焼きトウモロコシは焼くことで甘みが増しますが、ブロッコリーは焼くと焦げやすく、苦くなってしまいます。

暗闇ごはんでは、素材によって、蒸すのがいいのか、焼くのがいいのか、炊くのがいいのか、おいしい方法を考えます。それを寒天の中に入れていきます。バラバラなものを1つにまとめるわけです。

仏教の経典の1つに「阿弥陀経《あみだきょう》」があります。このお経に、次のような一文があります。

「極楽国土には七宝《しっぽう》の池あり。（中略）池のなかの蓮華は、大きさ車輪のごとし。青《しょう》色《しき》には青光《しょうこう》、黄色《おうしき》には黄光《おうこう》、赤色《しゃくしき》には赤光《しゃっこう》、白色《びゃくしき》には白光《びゃっこう》ありて、微妙香潔《みみょうこうけつ》なり」

釈迦が弟子の舎利弗《しゅりほ》に極楽浄土の情景と素晴らしさを説き聞かせている一節です。

「極楽浄土の池に咲く蓮の花は、牛が引く荷車の車輪のような大きさで、青い花は青い光、黄色い花は黄色い光、赤い花は赤い光、白い花は白い光を発し、その美しさと香ぐわしさはたとえようがないほど気高く清らか」

という意味です。

花は赤く生まれたら、青くなろうとは思いません。白い花も黒くなろうとは思いません。小さいタンポポが大きなヒマワリにはなろうと思うこともありません。

しかし、人間はそうではありません。ついついほかの人と比べて、「あの人のようなお金持ちだったらいいのに」とか「彼女みたいに美人ならモテたのに」などと、「ああなりたい」「こうなりたい」と、人のことをうらやみます。

花はそうではなく、生まれたままをありのままの姿で生きているから、あんなにも美しいのです。そして池には赤も青も白も黄色も……と、色とりどりの花がともに咲いているからこそ、この世のものとも思えないような美しさがあるのです。

花の色は一人ひとりが持つ個性です。本来は青い光を放っているのに黄色く光らせようとしたり、赤い光を持って生まれたのに赤の魅力に気づくことができず、白い光を放とうとしたのでは、本来の美しさ、個性を存分に活かすことができません。

人生には実にさまざまなことが起こります。仏教では古来蓮を尊んできましたが、それは蓮が濁った泥の中から美しい花を咲かせるからです。蓮の花は泥の中に根を張り、水上に美しい花を咲かせます。泥は争いの絶えない人間社会です。

池にあるのは見映えのよいものばかりではありません。水も濁り、悪臭を放っています。そのような泥の中で蓮の種は芽生え、花を咲かせるのです。

泥水は苦難に満ちた人間の世界を表し、蓮の花は苦しみのない仏の世界を暗示しています。さまざまな地位の人びとが、お互いを尊重し合い、自らも光り輝いている、そんな世界です。一人ひとりの個性が、それぞれに輝けば、美しい社会ができるという意味なのです。

このことをわかりやすく著したのが、大正末期から昭和初期に活躍した童謡詩人・金子みすゞの「私と小鳥と鈴と」という詩の中の「みんなちがって、みんないい」の一節です。鈴も小鳥も私も、それぞれの持ち味でのびのびと生きている素晴らしさを歌い上げています。

SMAPが歌った「世界に一つだけの花」(作詞作曲:槇原敬之)にも同じことを感じます。「ナンバーワンではなくオンリーワン」というテーマは「阿弥陀経」の「青色には青光、黄色には黄光、赤色には赤光、白色には白光」と同じく、それぞれの個性の尊厳性を認め合い存在していることを賛じているのではないでしょうか。

暗闇ごはんの野菜のテリーヌにも、その精神を表したかったのです。寒天は池。

そこに各々の花、つまり人参やトウモロコシなどいろいろな食材を集め、それぞれの食材の味わいがもっとも引き立つような調理法を考えます。

味だけでなく食材にもそれぞれ意味があるので、暗闇ごはんの食材に思いを馳せるのも楽しみの1つでしょう。

フェアネスの精神

10年ほど前、ある地方でハンディキャップ関連の団体の会長をされている全盲の方が暗闇ごはんに参加しました。そのとき、私がハッとさせられた言葉があります。

「今日、私は人生で初めてフェアな環境で食事をしました」というものです。

ふだんの食事で肉じゃがが出されたとき、目の見える人は何もいわれなくても肉じゃがだとわかりますが、その人は「これは肉じゃがです」と声に出していわれなければ、肉じゃがだとはわかりません。そこに情報格差が生じているわけです。

しかし暗闇ごはんでは、全盲の自分もまわりの目の見える人たちも、アイマスクで真っ暗にされた中、「この食材、何だろう?」といい合いながら食べます。情報格差はまったくありません。「100パーセントフェアな食事」となるわけです。

その言葉に、何か心が熱くなりました。私は公正、公平なことを意味する「フェアネス」という言葉を非常に大切にしています。

アメリカに留学していたとき、アメリカ人が機会均等という状態を非常に重要視していることに感じるところがありました。

授業中、アメリカの恩師はどんな質問がきても必ず答えてくれました。しかし、授業が終わったら絶対に答えてはくれません。私が「なぜですか?」と尋ねると、次のような答えが返ってきました。

「授業中にどんな質問があっても、その答えは学生全員でシェアできますが、授業が終わった後ではあなただけにしか答えられません。また10人がそれぞれ質問してきたら、10倍の時間がかかります。これは私にとっては時間の無駄です。私はクラスの先生であって、あなたの個人的な先生ではありません。あなたの家庭教師だったら答えますが、そうではないでしょう。だから、質問はクラスの中で完結させます。そもそも、これは抜け駆けで、フェアではありません」

このフェアネスの考え方に感動しました。納得もできました。以来、私も授業や講演をするとき、「授業中なら質問にはいくらでも答えます」といっています。「フェアネス」という言葉は、私の心に強く残っています。暗闇ごはんも、参加者全員から視覚を奪うという意味では、「フェアネス」の精神を孕んでいるといえるでしょう。部長も平社員も、暗闇の中ではフェアな状態です。

世間を見ていると、必ずしもフェアなことばかりではありません。そういった歪みが社会に出てきている現状にあって、暗闇ごはんはより求められていると思います。

「見えない」という状況は、フェアネスをうながすものです。あのとき、「人生で初めてフェアな食事をしました」という言葉を聞いて、暗闇ごはんをやっていてよかったなとの思いを強くしたのです。

精進料理はバリアフリーフード

暗闇ごはんが提供している精進料理は、日本はもとより、海外でも脚光を浴びています。特にヨーロッパでの注目度が高いという事実があり、その理由は3つあると感じています。

1つ目は健康志向の和食であること。精進料理は、仏教の戒律に基づいて、殺生や煩悩への刺激を避けることを考えて調理された菜食主体の料理です。

2つ目はアレルギーの人以外、精進料理を食べられない人が世界にほとんどいないということです。「私は宗教上、豚は食べられません」「牛はダメです」という人も、精進料理なら大丈夫。ユダヤ教の人でも、ムスリムでも、どんな人でも食べられる食材を使ってます。

ベジタリアン（菜食主義者）やさらに厳しいヴィーガン（完全菜食）にも対応できます。いわば、バリアフリーフードです。精進料理はまさに、食の最大公約数だと考えてます。

3つ目は、精進料理にはもともと無駄を出さないという思想があって、フードロスの問題にも親和性が高いことです。

この3つの要素から、海外での需要も高まっています。

実は暗闇ごはんの味つけは、ふだんより塩の量を少なくしています。私は料理僧として『お寺ごはん』（ディスカヴァー・トゥエンティワン）などの著作もありますが、そのときのレシピよりも調味料の量を控え、およそ7割ぐらいの濃さでお出ししています。

暗闇ごはんでは、皆がまったく同じものを食べているのに、味が濃かったのか薄かったのかについては、人それぞれいうことが違っています。中には「もう何を食べているのか、味がわかりません」という人もいます。全体的に「ふだんより濃く感じた」という人の方が多いように感じています。

暗闇の中では、味を濃くしなくても十分な塩気を感じられるようです。逆に考えると、私たちはふだん、いかに過剰な塩分をとっているかということになります。暗闇の中、吟味しながら食べることで、薄味でもおいしく感じるのです。

これは精進料理にも通じます。

精進料理の基本に「三徳六味《さんとくろくみ》」というものがあります。

三徳とは料理中の態度のことで、軽軟《きょうなん》（軽くて柔らかいこと）、浄潔《じょうけつ》（清潔であること）如法《にょほう》（作法やしきたりや戒律に反しないこと）、「六味」とは甘い、辛い、塩辛い、酸っぱい、苦いの「五味」に「淡味《たんみ》」を加えたものです。

淡味というのは、味をつけないわけではなく、つけ過ぎるわけでもなく、必要以上に味つけをしないこと。ちょうどいい塩梅《あんばい》ということです。いまふうにいえば、「素材の味を活かす」という言葉になります。

精進料理は無駄を出さない料理です。出汁をとった後の食材も、みじん切りにして料理に使います。その精進料理の考え方が、旬や郷土の味を活かす和食の基礎となっているのです。

暗闇ごはんも、暗い中で集中していれば薄味でも素材そのものの味がしっかりと感じられ、おいしくいただくことができます。薄味ということは、長い目で見れば健康にもつながります。

次のテーマは対話の「グラフィック化」

企業問題のソリューションとして発展してきた暗闇ごはん。今後、ワークショップとしてどのように発展していけばいいか？ そのヒントは体験者やクライアントさんから持ち込まれる「ぼんやりとした悩み」や「漠然とした不安」をいかに視覚化するかにあると思っています。

そこで着目しているのが、「グラフィック・ファシリテーション」です。グラフィック・ファシリテーションは、会議やワークショップなどで会話に上っている内容を、カラフルな絵やイラストなどのグラフィックを使ってリアルタイムに「見える化」することと。それによって場を活性化させて議論を深め、共感や相互理解をうながすことができます。

企業研修の場合には従業員の一人ひとりが持っている組織や仕事に対するイメー

ジや感情を言語化して語ってもらいます。

食を通して感性にダイレクトに働きかけるので、効率のよい議論が展開でき、新しいアイデアの発想、課題解決などにつながります。

要は話し手のメッセージをグラフィックにすることで、セッションの参加者にイメージの共有ができ、すれ違いや堂々めぐりが解消できるという仕組み。ビジュアルの力でメッセージが効果的に伝わるのです。

さらに、ピクトグラム（絵文字や絵単語）やフローチャート（データの流れや問題解決の手順を表す図式）を活用して話を整理することで、複雑な内容が構造化されてわかりやすくなります。話している内容がシンプルで明解になり、セッションもスムーズに進みます。

暗闇ごはんでは以前、全スタッフを集めて「我々は何者か」というテーマで、これまで言語化してこなかったスタッフの本音をとことん掘り下げたことがありました。思いつくまま発言したことをどんどん言語化しました。

広告代理店やコンサルタント会社から提案された言葉やキャッチフレーズは、スマートで耳に優しいものであっても、1〜2年も経てばスタッフの記憶から忘れられてしまうことがよくありあります。

しかし、自分たちの中から出てきた言語なら、ずっと長く心に残ります。それをグラフィック・ファシリテーションで「見える化」していくと、企業の問題解決につながっていきます。

この暗闇ごはんによる「言語化」とグラフィック・ファシリテーションによる「見える化」の両輪をさまざまな企業に提起していこうと考えています。

ニーズ「苦」とウォンツ「欲」を知る

マーケティング用語に「ニーズ」と「ウォンツ」とがあります。

ニーズとは充足感が満たされていない状態を指します。一般的な英単語としての「必要」「必要とする」という意味合いとは異なります。

例えば、「お腹が空いたのでハンバーガーが食べたい」の「お腹が空いた」の部分に当たります。

一方、ウォンツはニーズに対する具体的な欲望を指します。「お腹が空いた」というニーズに対し、「ハンバーガーが食べたい」という具体的欲望がウォンツです。

ニーズは何かを欲している状態で、それを解決するためにウォンツが必要となります。

マーケティングの世界では、ウォンツからニーズを探る方法があれば、顧客に対してより適したサービスを提供することができると提唱します。これにより、顧客満足度が上がり、他社との差別化が可能になるからです。

ウォンツを深掘りすれば、つまり「ハンバーガーを食べたいのはなぜですか？」と聞けば、「お腹が空いたから」というニーズがわかり、ハンバーガーよりも満足の度合いが高いかもしれないステーキの提供も可能になります。

ニーズとウォンツは「目的と手段」の関係と考えられます。顧客は当初、「〇〇が欲しい」と求めることが多いでしょう。これはウォンツ（手段）です。ニーズ（目的）が言葉になることは多くありません。

ニーズを知るには掘り下げが必要です。ウォンツから欲しい理由を何度も質問し、最初の言葉だけでは判断できなかった本質的なニーズを把握するというわけです。ウォンツからニーズを掘り下げることで、顧客に対する提案の幅が広がります。

このニーズとウオンツは、仏教用語で言えば、「苦」と「欲」という言葉に置き換えられます。例えば、「お腹が空いた。何か食べたい」、これはニーズです。本来、空腹が満たされさえすればいいのですが、一方で「どうせ食べるなら、もっとおいしいものが食べたい、有名店で食べたい」とウォンツが膨れ上がります。これは仏教的には「欲」、いい換えれば「享楽」であると表現できます。仏教では「苦しい」「つらい」などの思いどおりにならない心の機微のすべてを「苦」という言葉で表します。生きているかぎり「苦」は決してなくなりません。「苦」とともにどのように生きればいいのか、ということを示してくれるのが仏教です。

仏教では「苦」と「欲」の線引きをしっかり見極め、ニーズに焦点を絞って満たしていこうと考え、行動します。

ニーズは人間の根本的なところを変えないと解決できません。一方、ウォンツは極論すれば、その多くはお金で解決することができます。

本来、こうあるべき理想の状態こそが、ニーズの「正体」といえます。例えば、健康でありたいと思っていても、現実には病気もします。家族と仲よくしたいと思っていても、家庭生活には山もあれば谷もあります。このギャップが「苦」ということになります。

なぜこんな仏教用語を持ち出したかといえば、ふだんの日常生活では省みることの少ない「苦」やニーズを浮き彫りにしてくれるのが、暗闇ごはんにほかならないからです。

面白いのは、見えないはずの「苦」やニーズが、見えてくることなのです。

エンターテインメントに対するこだわり

暗闇ごはんを体験した人からは、「楽しかった」「面白かったから、またやりたい」という声が多数寄せられています。

「強制的に参加しないといけない」と思われがちな企業研修のイメージを一変させた

いという私自身も強く思っています。

実際、暗闇ごはんにはエンターテインメントの要素がかなり盛り込まれています。「今度の研修、面白そうだよ」とアピールすることで、「研修なんかしたくない」と嫌がっている従業員の意識を改革したいと考える企業もあります。

ただし、エンターテインメントの要素を強くしすぎてしまうことは、企業研修における社員教育という意義を毀損しかねません。企業の担当者から「これは遊びなんですか？ 研修なんですか？ どっちなのかはっきりしないと、予算の出どころが決まりません」といわれることがあります。

こちらが考えることではないのですが、お願いされて、「うーん」と悩むこともありました。

暗闇ごはんだけでなく、私がすべてのことにおいて考えているのが、「入口はファンである。出口はインタレスティングである」ということです。

どちらも「楽しい」という意味ですが、インタレスティングは知性、知識につながる楽しさ。一方、ファンとは単純に楽しい様子といえるでしょう。

お坊さんがおこなうこと、仏教としておこなうことというのは念頭にありますが、本当に伝えたいことを伝えるためには、まず興味を持ってもらわなくてはいけない。そのためには入口はエンターテインメントでなければいけない、ファンでないといけない、つまり楽しませる仕掛けがなければならないと思っています。

世の中にあるさまざまなイベントは、ファンでないと人は集まりません。メディアも面白がってくれません。そこにはある程度、人が興味を持つような面白さ、ファンが不可欠です。

ファンというのは絶対に必要です。ただ、ファンがファンで終わるだけでは、せっかく参加したのに、持ち帰りたくなるようなお土産はありません。「ああ、楽しかったね」で終わってしまいます。

映像やイベント、音楽……、私がつくり出すもので必ず意識しているのが、ファンを得た1時間なり2時間なりの体験で、何かインタレスティングにつながるお土産を持ち帰ってもらうということです。

暗闇ごはんも、暗闇の中で食事するというだけでもいかにも面白そうです。画になる動きなので、メディアも食いつきます。人も集まります。

しかし、それだけだったら、面白くありません。面白かったのに、面白くない。「ああ、面白かった」「おいしかった」以上のものを持ち帰ってもらいたいのです。

暗闇ごはんの体験によって、最終的には参加者自身にその後の行動を変えてほしいのです。それでこそ、私が暗闇ごはんをやった意味が出てきます。

やはり人間、インタレスティングが必要です。インタレスティングをきちんと論理的につくっていくのが私の役割だと思っています。

暗闇とお化け屋敷

世の中には、私たちが見えていると認識していながら、実は見えていないことがいくつもあります。明るいと思っているのに、暗闇の中に生きているのです。いまこうして当たり前のように生きていると思っていても、明日、直下型地震が発生したら、いまいるところが瓦礫になってしまう可能性もあります。これはかりはだれにもわかりません。

２０１１年３月11日に東北にいた人も、２００１年９月11日のニューヨークにいた人も、３月10日の時点で、あるいは９月10日の時点で、次の日、大変な惨事が起こるとは思ってはいませんでした。今後も同様の災害や大惨事が起こらない補償など決してありません。

だから、世の中、暗闇なのです。暗闇ごはんの暗闇は、社会を象徴するメタファーでもあるのです。

科学で多くのことが明らかにされた現代、私たちは暗闇がなくなったつもりでいますが、暗闇がすぐそこにあるということを忘れると、どこかでしっぺ返しを食らいます。

暗闇は恐怖です。その恐怖を忘れてはいけません。ふだんの暮らしの中で忘れがちだけど確実に存在する恐怖といかにして向き合うかというのが、暗闇ごはんの精神です。

私の友人であるお化け屋敷プロデューサーの五味弘文さんは、東京ドームシティアトラクションズなど、全国各地でお化け屋敷やホラーイベントを開催し、恐怖をアミューズメントとして演出しています。トークショーでご一緒したとき、「お化け屋敷って、みんなお金を払って入場するのに、早く出たいと思っています」と話してくれました。なるほどと思いました。

普通なら、楽しいイベントなら少しでも長く会場にいたい、いる時間をいかに延ばそうかと思うものなのに、お化け屋敷は高いお金を払ったにもかかわらず、「早く出たい」と思うエンターテインメントです。その真骨頂は、ギャップの楽しみにあります。

お化け屋敷は、参加者にストレスを与え続けます。ストレスを与えれば与えるほど、そのストレスから解放されたときには、すごく気持ちがよくなるのです。ストレスをギューッと高めて、「早くここから出たい」と極限までいっての解放感はたまらないでしょう。それがお化け屋敷の醍醐味です。

実際に会うとわかりますが、五味さんは実に人のよさそうなにこやかな顔で、恐怖を極限まで高めるアイデアを日夜考えているといいますから、本当に面白いものです。

暗闇ごはんは、お化け屋敷のようなエンターテインメント性を学んで、参加者が飽きないさまざまな工夫を施しています。

もちろん、本質は「暗闇というものが持つ恐怖感がすぐ隣にある」ということを伝えることです。私が「暗闇」という言葉にこだわるのは、そのことも意識しているからです。

「エトス・パトス・ロゴス」

営業や商談の場面において、説得がうまい人がいます。その一方で、へたな人もいます。どこが違うのでしょうか?

古代ギリシャの哲学者アリストテレスは、人を説得し動かすためには、「エトス」(信頼)、「パトス」(情熱)、「ロゴス」(論理)という3つの要素が重要だと説いています。この3つがそろえば、人は説得され動かされるというのです。暗闇ごはんも同様です。

エトスというのは、個人の人間性、品格、気質、信頼性などのことです。相手に「この人のいうことなら信頼できる」と思わせる力ともいえます。エトスがなければ、そもそもまともに話を聞いてもらうところまでもいきません。

パトスは相手の感情を揺り動かす情熱のことです。話し手に情熱や熱意がなければ、聞き手の心には届きません。「あなたの熱意に打たれました」ということに結びつくポイントです。

ロゴスはものごとに納得感を与える理論や論理のことです。「○○すべきです。なぜなら」という論理的な話法で相手を説得します。相手の理性に訴えるわけです。

これが人を説得し動かすための3つの要素です。「人は理屈じゃ動かない」といいます。

「信頼」がなければ人は話を受けつけません。「情熱」がなければ人の感情は動きません。「理論」は最後の確認作業です。

日本がまだ弥生時代だった紀元前4世紀、2300年も昔の古代ギリシャ時代の哲学者の考えですが、時代は変わっても人間の本質は変わりません。ものごとを頭で考えているつもりでも、実際は本能と感情が先に反応して、後で理屈をつけるので、人間はこの順番でいろいろなことが判断します。

暗闇ごはんの仕組みもこの3要素を強く意識しています。信頼がなければ暗闇の中にはいられません。これがエトスです。

そして、食事がパトス。「おいしいね」「楽しいね」などと感情を動かします。また、初めは不安だったのが、安心したり驚いたりという心の動きでもあります。

最後にコミュニケーションをとりながら、論理的に解説をするロゴス。この3つをきちんと組み合わせていることで、多くの方に共感してもらえるワークショップへと発展してきました。

面白く伝えたほうがいい。これはパトスの部分です。そして話をファンからインタレスティングに変えていくときにはロゴスが必要。願わくば、それが日常的な行動変容につながり、その人の生き方も変わってきて、エトスを備えるようになっていく……。

そうなれば、暗闇ごはんも大きな目で見れば、仏教のエッセンスの伝道ができると考えています。

コラム

「暗闇ごはん」Q&A

「暗闇ごはん」について、さまざまな質問をいただいたので一部紹介します。

(1) 暗闇ごはんの料理は、いつも同じメニューなのでしょうか?

いろいろなパターンがあります。ハイコンテクストコミュニケーション、ノンバイアスなど、テーマによって料理の内容は変えています。その組み合わせが無限にあるので、「食」は面白いのです。同じメニューでも、研修で求められるテーマによって、セッションの内容や品数を変えることもあります。

（２）暗闇ごはんの参加者は何人ぐらいですか？　適正な人数があるのですか？

コミュニケーションのことを考えると、１つのテーブルは４人ぐらいが適正だろうと思います。その４人を１グループとして、４の倍数の８、12、16……という形にして、だいたい20人程度がいちばんやりやすいですね。もちろん、それ以上でも、それ以下でも大丈夫です。これまで最大で80人で開催したことがあります。人数が多くなると、ホテルなどを会場に使ったりします。

（３）トータルの時間は？

企業の研修としておこなう場合には、だいたい３時間程度です。食事の後のセッションの時間をたっぷりとります。食事をミニコースにして２時間ということもあります。こちらのニーズのほうが多いですね。

（4）精進料理のイベントには外国人の参加も多いと聞きました。暗闇ごはんに外国人が参加しても大丈夫ですか？

暗闇ごはんは、外国人が参加しても違和感なく受け入れられる研修です。ただ、日本語、英語など多言語で同時におこなうと、進行役からの伝達も参加者同士のコミュニケーションも混乱してしまうので、「今日は英語でやります」「中国語でやります」というように、はっきりと1言語に絞るようにしています。

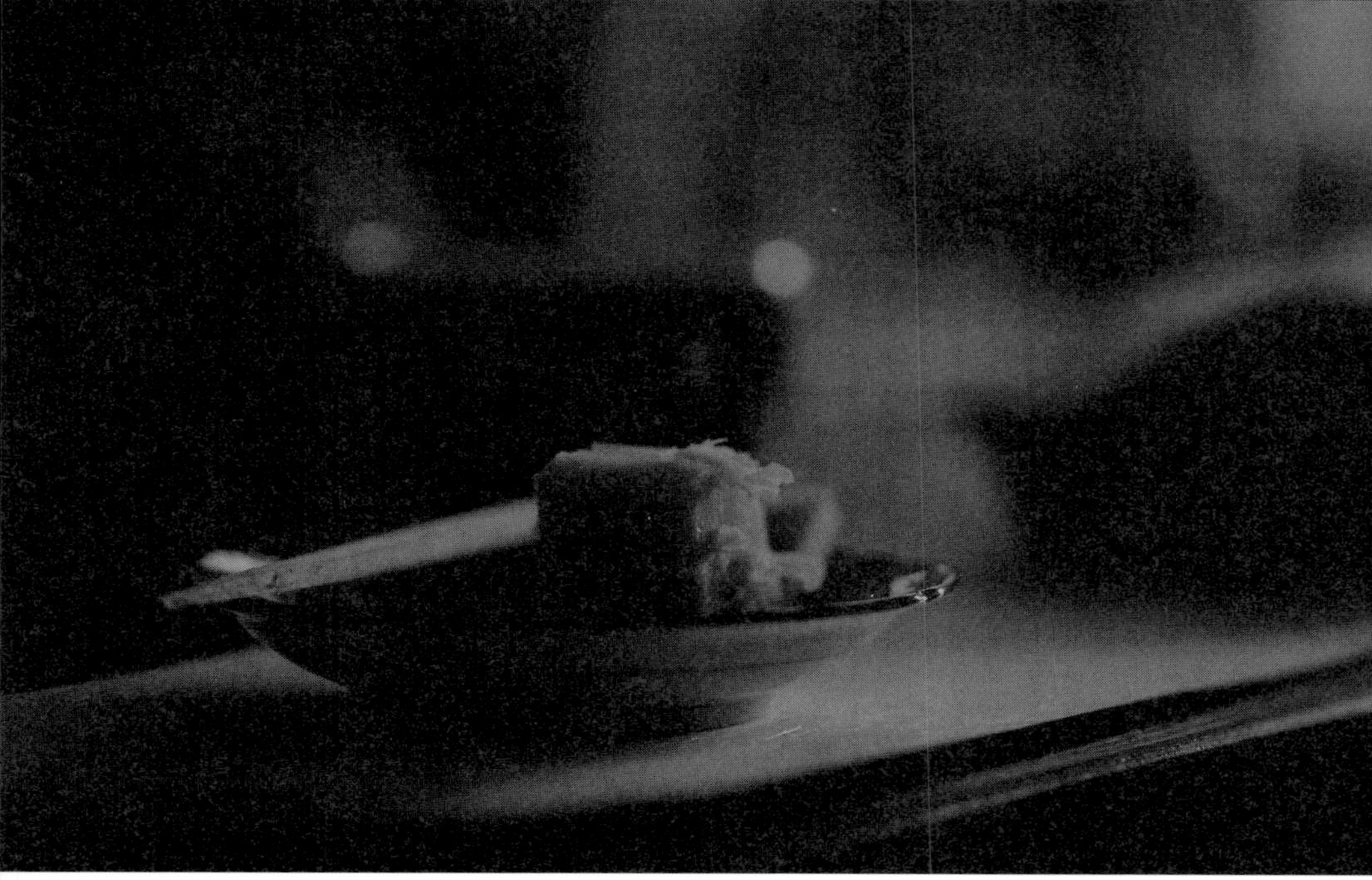

4章

「喫茶喫飯《きっさきっぱん》」ワークショップとは何か？

続「一生懸命ごはんを食べる」ということ

「暗闇ごはん」で大切にしているメッセージが、参加者に対する「こんなふうに一生懸命ごはん食べたのはいつ以来ですか?」という問いかけです。この本の中でも何度も登場していますが、とても大事な言葉です。

この言葉を聞くと、皆さん、怪訝な顔をします。「一生懸命ごはんを食べる」。日本語としては正しいのに、違和感を抱いてしまいます。

続いて、こんな問いかけをします。「思い返してみてください。一昨日、何を食べたか。それはいま、どこにありますか?」と。

一昨日食べたものは、体の中で自分と一体となっています。自分とごはん、1つ1つの別個の存在だったものが、口に入り、咀嚼され、のどを通って、胃で消化され、腸で吸収されます。そして、1日か2日経つと、文字どおり、血となり、肉となります。

ごはんというものが世の中から存在を消して、自分の体の中に吸収されていきます。つまり、自分自身と一体化するのです。

料理を前に「未来の自分がここにあります」といわれたら、いい加減な気持ちで食べることはできません。転じて、一生懸命ごはんを食べることになるのです。

例えば、未来の自分のために一生懸命勉強して受験に備えます。これと同じように大事なことを、実は1日3回もおこなっているのです。それに気づくのと気づかないのとでは、人生は大きく変わります。

こういった陰のメッセージも暗闇ごはんには含まれています。

体験した人からは、

「毎日、ものすごく丁寧にごはんを食べるようになりました」

「ごはんがこれまで以上においしく感じられます」

「料理をつくるときにムダを出さないよう心がけています」

といった声も届いています。

人もいます。

「一生懸命食べること」を忘れないようにするため、暗闇ごはんのリピーターになる

食に対する考えが変わってくると、人とのつき合い方も変化してきます。丁寧にごはんを食べることができると、「丁寧に何かをする」という価値観でものごとを見られるようになり、それが仕事や日常生活の言動にも表れます。

人と話すときにも丁寧に相対するようになります。「暗闇ごはんを体験したおかげで、最近、『落ち着きが出てきたね』といわれるようになりました」という話も聞きました。そのように、だんだんと性格も変わってきます。

目の前の食べ物は、明日の自分になります。食事を大切にすることは、自分を大切にすることなのだと気づいてほしいとの願いを込めています。

「いただきます」はいつから食前の言葉になったのか

ごはんを食べる前の「いただきます」という言葉がいつから食前の言葉として使われるようになったのかご存じでしょうか?

暗闇ごはんの体験会では、参加者に頻繁に尋ねる質問です。第1章の体験会の場でも、5択で答えてもらいました。

(A)江戸時代よりも古くから。
(B)江戸時代から。
(C)明治、大正時代の150年から100年前ぐらい。
(D)昭和に入ってから。
(E)平成もしくは令和。

この5択、実質4択ですが参加者10人中で手を上げてもらうと、（A）5人、（B）1人、（C）2人、（D）2人（E）ゼロという結果でした。

正解は（D）です。一説によると、1951年、全国で学校給食が始まった年に、食前の「いただきます」が普及したということです。

よくよく考えてみると、「いただきます」という言葉に方言はありません。北は北海道、南は沖縄に至るまで全国共通なのは、比較的新しい言葉だということを示しているともいえます。

では食前の挨拶として、「いただきます」以前は、どんな言葉を使っていたのでしょうか。お寺の世界で使われていた言葉をご紹介しましょう。

鑑真和上というお坊さんがいました。鑑真和上は、奈良時代に唐から日本に渡って帰化した僧で、日本における律宗《りっしゅう》の開祖となった人物です。唐招提寺に伝わる国宝「鑑真和上坐像」は、国内最古の肖像彫刻とされています。

律宗は、戒律の研究と実践を行う仏教の宗派です。何度も海を渡るのに失敗し、両目を失明しながらも日本にたどり着き、日本仏教の発展に大きな功績を残した鑑真和上が持ち込んだお経の1つに「四分律行事鈔《しぶんりつぎょうじしょう》」があります。

これは、仏教徒が守るきまりごとなどを説いた書です。

その中に、食事の作法を記した5行の短いお経があります。これがお寺に伝わる「いただきます」の意味を持つ言葉となります。

「一、計功多少量彼来処」（一には、功の多少を計り彼の来処を量るべし。）
「二、忖己徳行全缺多減」（二つには、己が徳行の全か欠か多か減かをはかれ。）
「三、防心顕過不過三毒」（三つには、心を防ぎ過を顕すは三毒に過ぎず。）
「四、正事良薬取済形苦」（四つには、正く良薬を事とし形苦を済わんことを取れ。）
「五、為成道業世報非意」（五つには、道業を成ぜんが為なり。世報は意に非ず。）

この5行にこそ、「食事を大切にいただく精神」が込められています。

「喫茶喫飯」は「レーズンワークショップ」

ワークショップの最後には「四分律行事鈔」の内容を私なりに翻訳したものを、暗闇ごはんの参加者に配ります。そして15分ほどの講話で締めくくります。ここでおこなうワークショップが「喫茶喫飯《きっさきっぱん》」です。

私は「喫茶喫飯」というワークショップは暗闇ごはんと双璧と位置づけ、食べ物のありがたさを実感してもらう狙いを持たせています。

百聞は一見にしかず。是非、「喫茶喫飯」も知ってもらいたい内容ですので紹介させてください。

禅語の中に「喫茶喫飯」という言葉があります。これは「お茶を飲んでいるときには、目の前のお茶を飲むことに意識を向け、ごはんを食べるときには、目の前のごはんを食べることに意識を向けましょう」という意味です。我々は食事をしていても、スマホを操作したり、ほかのことを考えながら口だけを動かしていたりと、「味わう」という感覚を軽視しがちです。しかし、目の前の料理を丁寧に味わうことで、味わう感覚が豊かになってきます。

「喫茶喫飯」は「目の前のことに集中する」「丁寧に取り組む」というマインドフルネスの思想の元となった深い思想を、約１４００年も前に先取りしているのです。特にマインドフルネスでよく用いられる、時間をかけてレーズンをじっくり味わう「レーズンワークショップ」とは非常によく似ています。

この5行のお経の意味を私なりに訳しました。

（1行目）「目の前の食べ物がいったいどこからやってきたのか。その背景を考えましょう」⇓多くの人の思いや働きに感謝していただく

（2行目）「自分は食べ物を食べる資格があるのかどうかをじっくり考えましょう」⇓自分のおこないを反省し心静かにいただく

（3行目）「もっともっという貪《むさぼ》りの気持ちではなく、慎みの心をもって食べましょう」⇓好き嫌いをせず欲張らず、味わっていただく

（4行目）「食べ物は自分の体をつくっていくものなのだということを、よく考えながら食べましょう」⇓健康な体と心を保つために良薬としていただく

5行目目だけは私が意訳をしました。本来なら、

（5行目）「仏道修行をするためにこの食事をいただきます」

ですが、参加者はお坊さんではないので、次のように書き換えました。

（5行目）「生きるためにこの食事をいただきます」

この5つの問いに合わせて、1口ずつ、目の前に出されたお菓子を食べてもらいます。もちろんお菓子にこだわることはありません。おにぎりでもお粥でもかまいません。

まずお菓子を5つに割ってもらいます。そして、こう問いかけます。

「1口目をお召し上がりください。そして、食べながら想像してみてください。この食べ物がいったいどこからやってきたのかを」

その日のお菓子は芋ようかんでした。芋ようかんは非常にシンプルなお菓子です。原材料は、さつまいも、塩、砂糖だけです。では、そのさつまいもができるまでには、いったい何が必要でしょうか?

まず、土があって、お日さまがあって、水が必要です。自然がなければ作物は育ちません。そして、農家の人が育て、収穫します。

しかし、それだけでは、ここ(東京)でさつまいもを食べることはできません。トラックや列車などで運ばれてきます。

そのためには、トラックの運転手さん、トラックをつくった人、道路をつくった人、問題なく信号が動くように管理している人など、たくさんの人手が必要となります。だれかがその仕事をしなかったら、目の前の芋ようかんの原材料であるさつまいもが自分の前に運ばれることはなかったのです。

いったいどれだけの人が、どれだけの自然の恵みが、目の前の芋ようかんの後ろにあるのだろうかと、想像してみてください。

実に多くのつながりがあって、その中で私たちは生きることができるということに改めて思い至ります。

食べ物と自分というのは非常にわかりやすい例ですが、例えばこれは、インターネット上での匿名のコミュニケーションについてもいえることです。インターネット上でのやりとりでは、その向こうにいる存在を、「人としての存在」として認識しにくいということに起因するトラブルが起こりがちです。インターネットの向こう側には現実の生きた人間がいて、その人にはもちろん家族がいて、リアルな生活を送っているというところまで想像できれば、罵倒や中傷の書き込みなど安易にできないものです。

画面の中で匿名のやり取りをしている相手にリアルさを感じられず、無機質なつながりになってしまうと、不用意に傷つけ合ってしまいます。相手のことを想像することで、だれもがつながりのなかで生きているということを感じられるのではないでしょうか。

お菓子を食べながら、生きることの意味を問う

続いて、2口目を食べながら、次のようなことを考えてもらいます。

私たちはどれだけ科学が発達しても、口から食べて養分を取り入れることでしか、生きることはできません。

食べ物というのは、肉でも魚でも野菜でも、すべて命です。自分とは別のほかの存在なのです。他者の命を口にすることでしか、私たちは生きることができないのです。生きるということは、ほかの命をいただくことでしかありません。

「その上で、自分に問いかけてください。自分は食べるに値することを日々しているかどうかを。食べるだけの資格が自分にあるかどうかを問いかけながら、召し上がってください」

この「食べ物を食べる資格が自分にあるのか？」という問いは、「自分は仕事を本当にやっているのか、シビアに考えましょう」ということでもあります。

自分の仕事が会社の中のどの部分に役立っているのか？　どこを救っているのか？　さらには、社会の何を助けているのか？　こういうことを考えます。

そして最後に、「会社が生きる」とは何か。もっというと、「もし自分の所属している会社がなくなったら、社会は何を失うのだろうか？」という問いを投げかけます。

これにより、自分の会社の存在意義を見直すことができます。

次に3口目を口にする前に、こんな話をします。

「最近のことを思い起こしてみてください。こんな気持ちになったことはありませんか？『もっともっと、おいしい物をいっぱい食べたい』『もっともっとおカネを手に入れたい』『もっともっと休みがほしい』。そして、その『もっともっと』となったとき、その気持ちとどうつき合いましたか？」

「もっともっと」という気持ちに振り回されたのか？
「もっともっと」という気持ちと、いい距離感でつき合ったのか？
「もっともっと」という気持ちをうまく飼いならしているのか？
飼いならしたつもりで、振り回されてしまったのか？
無視していたらどうなったのか？
などについて、少し考えてもらいます。

「もっともっと」という言葉はちょっと卑しい印象で、ネガティブに考えられがちです。一方、この言葉が仕事で使われると、「あのとき『もっともっと頑張ろう』という気持ちになったからあの契約が取れた」というようにポジティブにもなります。

仏教に「大欲」という言葉があります。大欲は、だれもが幸せになる欲のことです。自分の損得や好き嫌いではなく、世の中にとってよいか悪いかを考える大きな欲のことを意味します。社会の発展のために貢献したい、困っている人を助けたいという大きな欲は、私利私欲を超えるものです。

人間はおいしい食べ物だとつい食べ過ぎてしまいます。小さな欲に目がくらんで失敗したり、お金のために悪いことに手を染めたりします。

小さな欲望は、他人に迷惑をかけたり、傷つけたりしますが、一方で大きく欲すれば、人や世の中を助けます。

4口目は少し変わった食べ方をしてもらいます。先ほどから「芋ようかん」という言葉を使っていますが、目の前にあるものを、生まれて初めて見る何かのように思ってもらいます。

例えば、まるで隕石が飛んできたかのように、目の前に正体のわからない黄色い物体が置いてあったとしたら、まず食べないですよね。よく観察して、「何だろう」と考えます。そして、匂いを嗅いでみます。甘い匂いがしたら、今度は口の中に入れてみます。

それでもまだ、噛むことはしないと思います。ちょっと舐めて、「大丈夫かな？　毒じゃないかな？」と疑念を持ちつつ、噛んでみます。そして味わってみて、「大丈夫。毒じゃなさそうだ」と思ったときに、ようやく飲み込むことになります。

目の前の食べ物をあたかも初めて見るもののような気持ちで、よくよく観察をしながら食べるという行為は、まさにジョン・カバット・ジン博士の提唱した「マインドフルネス」のレーズンワークショップにつながるものです。

その後、食べ物は食道を通って、胃で消化され、腸で吸収されます。

「目の前の食べ物は、いまは皆さんとは別の存在ですが、明後日には血となり、肉となって、皆さんの体の一部になっています。そういうことを感じながら、どうぞお召し上がりください」

この四分律行事鈔の4行目の「正事良薬取済形苦」（正しく良薬を事とし形苦を済わんことを取れ⇒健康な体と心を保つために良薬としていただく）は、「食べ物は薬であり、自分の中の恐怖、体の苦しみから救うものである」という考えです。

食べ物というのはいかに大切なものか、いかに貴重なものであるか、ということを意識しながら食べ、「食べた先が大事なんだ」というところまで、きちんとフォローしていきます。

そして、最後の5口目になります。

5行目「為成道業世報非意」（道業を成ぜんが為なり。世報は意に非ず）だけは一般の人向けに「生きるためにこの食事をいただきます」と意訳しています。「世報は意に非ず」というのは、世間が何をいおうが気にしなくていいということです。

私たちは食べてエネルギーをつくる以外に生きる術《すべ》を持っていません。食べなければ、遠からず飢えて死んでしまいます。

だからといって食べ続けていても、80年後、100年後にはこの世に生きてはいないでしょう。食べても食べなくても、遅かれ早かれ、いずれ死ぬのです。

では、なぜ食べるのでしょうか。なぜ生きるのでしょうか。ここで答えを出す必要はありませんが、そのことを意識しながら、最後の5口目を口にしてもらいます。あなたの胃は芋ようかんで満たされ、心の中にさまざまな感情が渦巻くことでしょう。

5つの問いかけで「何がいちばん心に響いたか？」

デザートの芋ようかんを用意して、5つの問いかけをしました。

目の前の食べ物がいったいどこからきたのかを考えよう。自分は食べる資格があるのかどうかを考えてみよう。「もっともっと」という気持ちがあるのかどうか考えよう。食べ物が自分の体になっていくんだということを意識しよう。そして最後に、生きるために食べるのなら、「生きる」とは何だろうということを考えよう。

この5つの問いが、お坊さんが修行時代に食事の前に自問するものです。それをアレンジしたものが、「喫茶喫飯」のワークショップです。

この5つの問いについて、参加した人に「どれが自分の心にいちばん響きましたか?」と尋ね、グループで「私は何行目に考えさせられました」「どうしてですか?」という話し合いをしてもらいます。

ちなみに、今回、10人の参加者の中で、1行目が響いたという人は1人、2行目は4人、3行目は2人、4行目は2人、5行目を選んだ人は1人でした。

面白いのは、今日は1行目に感銘を受けた人が、明日、明後日になると、「2行目が響いてきた」「4行目の食べ物が自分の体をつくるという話にグッときました」というふうに、感じ方が変わってくることです。それでも別にかまいません。私たちも毎日唱えていますが、感じることは日によって違います。

私の場合、いちばん初めに学んだときは、2行目の「食べ物を食べる資格があるのか」という言葉に引っかかりました。「資格といわれても困るな」と思ったことをいまでも覚えています。

そのうち、目の前の食べ物が提供される背景には、想像もできないほど多くの人たちがいたことに思い至り、だんだんと3、4、5行目にも感じる部分が増えていきました。

数多くのワークショップを見てきた印象ですが、社会人でバリバリ働いている人は2行目が響くようです。年配の方は、5行目にいきます。小学生はほとんど1行目です。

小学校で「目の前のパンがどこからきたと思う?」と聞くと、まず一斉に「パン屋さん」。それから小麦を収穫する農家の人たち、流通のトラックの運転手さん、そのトラックをつくる人たちと広げて、「パンづくりにはネジも必要だ!」とだれかがいうと皆、感動します。

このようにして想像力をどんどん広げていくことは、現代のグローバル社会の中で必要なことではないでしょうか。

いま「何を大切にして生きているか」を共有する

お坊さんは食事を大切な修行の時間と考え、食前には、「四分律行事鈔」にある5行を唱えながら丁寧にいただきます。

そして、感謝と反省の気持ちを抱きながら、命をいただくという気持ちから、姿勢を正しくし、食べることで得られた生きる力を、仏道を生きるために、ひいては社会のために役立てるようにします。

食べることに集中して丁寧に取り組むことで、自らの心や姿勢を正し、社会に役立つ覚悟を持つことにまで思いを馳せるのです。

そのような心構えで食事をすることで、「目の前の仕事に集中し、丁寧に取り組めているか？」という意識が生まれるのではないでしょうか。

暗闇ごはんと双璧をなすワークショップ「喫茶喫飯」では、四分律行事鈔を基本に、企業の構成員一人ひとりが組織や仕事の意義を明確にすることができます。

企業や組織で何かが起きたとき、必ず組織風土の問題を指摘されます。しかし、組織風土というものは目に見えにくく、実態も把握しにくいものです。

構成員の思いと組織の理念、風土の間に横たわる乖離は言語化されにくく、問題は手つかずのままになりがちです。

組織に所属する人が何を思い、何を感じるのかを可視化していくことが、よりよい組織運営に役立ちます。

企業研修としての「喫茶喫飯」では、参加者一人ひとりに、自分が会社に何を提供しているのか、そして会社が社会に何を提供しているのか、自分のこととして考えてもらいます。「自分が何を大切にして生きているか」を感じ、得た感情をグループで共有、言語化していくことをとおして、自分のしている仕事を改めて振り返り、働くことの意義を正すことを目標とします。

最初の「目の前の食べ物はどのような人が関わってここに運ばれたのか想像してみてください」という問いをとおして、ふだん暮らしている中で、どれほど多くのものによって生かされているかを考えてもらいます。さらに、自分の仕事の背景に目を向けます。

自分の仕事をおこなう上で、いったいどんな人が関わってきたのかを想像してもらいます。「はじめは取引先が思い浮かびましたが、後に電気やガス、電車といったインフラ、はては江戸から続くまちづくりに思いが至りました」と語る人もいました。

2行目の「食べ物を食べる資格が自分にあるのか」の問いは、食べることはほかの生命を奪うことであると知ってもらい、自分がふだんおこなっていることの価値を改めて問うと同時に、感謝の気持ちを考えてもらいます。

自分がどんなことをしてきたのか、どんな人と会ってどんな作業をしてきたのかを思い起こし、その上で自分がしている仕事は賃金に見合っているかを自問します。この問いを通し、自分の仕事の価値を改めて考えることになります。

3行目の「『もっともっと』という欲得の気持ち」の問いについては、自分の最近の行動を振り返り、どのような気持ちで欲と関わったのか、どう活用しているかを思い起こしてもらいます。

4行目の「食べ物が自分の体をつくるものである」では、自分の仕事とじっくり向き合い、マインドフルネスを学びます。また、仕事が自分の手から離れた後、だれの手に触れ、だれに届いているかを想像してもらいます。さらに、自分の仕事が会社を、社会をつくるものであることを感じてもらいます。

そして、5行目の「食べても食べなくても、遅かれ早かれ死ぬという結果は同じなのに、なぜ食べるのか」という問いは、世の中には決して解くことのできない問題や課題があり、その問いと向き合ったときに自分はどのように考えるのかを学びます。

また、会社が生きるとは何か、この会社がなくなったら社会は何を失うのか、考えてもらいます。

――あなたは、目の前の仕事に集中し、丁寧に取り組めていますか?

暗闇ごはんと「喫茶喫飯」を通じて、ご自身に問いかけてください。

コラム

グループで「暗闇ごはん」を楽しむためのノウハウ

ここまで写真と文章で「暗闇ごはん」を追体験してもらいました。中には、この文章を読んで、「自分たちでも暗闇ごはんを試してみたい」と思った人もいるかもしれません。このコラムでは、自宅でも手軽にできる暗闇ごはんの方法を紹介しまします。

まず、必ずしも精進料理である必要はないと考えてください。ここまで紹介してきた暗闇ごはんは、たまたまスタートした舞台がお寺で、私がお坊さんだから精進料理をお出ししているだけで、ご自宅などでチャレンジする場合には食材にこだわらなくてもいいでしょう。

人数はつくる人（用意する人）と食べる人、最低2人いればＯＫ。アイマスクと自分たちが食べる料理があれば、ほかに特別面倒なことはありません。

料理をつくるのが大変なら、スーパーかコンビニエンスストアで買ってきたお総菜でも大丈夫です。私がおすすめするのは、「15品目のサラダ」のような多種多彩な食材が入っているお総菜です。

明かりを消しアイマスクをして食べ始めれば、そのまま暗闇ごはんの世界を再現することができます。

まずは「豆っぽいのがあった」「この葉っぱ、さっき食べた葉っぱと違うな」と言いながら吟味することで、料理に入っている食材を当てるところから始めてみましょう。視覚を遮られた状況の中、自分の舌と鼻、指の感覚を試してみてください。

さらに中級編では、コリコリした軟骨が入ったつくね、山椒の実が入った佃煮などがおすすめです。暗闇の中で食感を楽しんでください。

食べる、味わうという行為の中にある豊かさを実感できるでしょう。

あとがき

小さな頃から料理好きで、小学1年生のときの私の夢はコックさんになることでした。アメリカの大学に留学していたときも、料理のサークルを起ち上げて、みんなで料理つくりを楽しんでいました。

例えばラーメンをつくる際も、1週目はスープのとり方、2週目にはそのスープを使ってチャーシューづくり、3週目は麺を打つ……というように、1カ月かけて本格的に研究しました。

食材は近くの中国系のマーケットなどで手に入れましたが、牛タンなどは舌ベロのままドンと置いてあって、実に生々しいのです。そのとき、「命を食べるということは、生きていたものを殺して食べることなのだ」と気づかされました。とはいえ、当時はまだ、仏教と料理の関わりについては、何も考えていませんでした。

仏教と料理をつなげてくれたのは、句仏《くぶつ》上人という明治から大正時代にかけての浄土真宗のお坊さんです。

東本願寺第二十三代法主《ほっす》で、日本画を学び、さらに正岡子規の影響を受けて生涯に約2万句の俳句を残した文化人でもありました。「句仏」という俳号は、「句をもって仏徳を賛嘆す」を意味します。浄土真宗は法話で仏教を伝えますが、場合によっては文書や手紙で伝えることもありました。句仏上人は俳句で仏教を伝えました。

私は「俳句で仏教を伝えることができるのなら、料理というものを通じて仏教を伝えられないだろうか」と考えました。そこで「句仏」という俳号に対し、私も「料理僧」と自称するようになりました。

寺の仕事はだいたい午後3時頃には終わるので、その後の時間を利用して、部活動のようにさまざまなことを始めました。その1つが、料理を通じて仏教的な価値観を体感してもらうことでした。

法話と料理で仏教を考えたり、生き方として食と向き合う実践の場としての「お寺ごはん」などを研究し、私は「食」を通して仏教の教えを伝える活動をする「料理僧」になりました。

そして、「料理僧」として多くの方のお話を聞いているうちに、現代人は朝食を食べているときも午前の会議のことで頭がいっぱいになり、昼食中も「商談相手にどんなふうにプレゼンすればいいのか」と気をもむなど、食事に集中できていないと感じました。

どうしたら食事と1対1で向き合えるのか、と考えたときに思いついたのが暗闇ごはんです。

暗闇という非日常的な空間で、「一生懸命ごはんを食べる」という経験の中から得た「気づき」は、その人の人生にとって必ずプラスになります。まさに発見の連続が暗闇ごはんを現在の「食べるマインドフルネス」へと導いたのです。

暗闇の中で、料理を噛み締めながら自分と向き合い、忙しさにかまけて見失いがちだった「大切な何か」をじっくりと感じてください。


最後になりましたが、この本を出版するに当たり、まず、マイク・ブルマージ元米陸軍大佐、ジョン・カバット・ジン博士に心より御礼申し上げます。そして編集を担当してくださった徳間書店の石井聡様、ライターの鈴木恭平様、カメラマンのminokamoさま、デザイナーの渡辺将志様には多大なるお力添えを賜り誠にありがとうございました。

仏教関連の記述に的確なる助言をくださいました真言宗豊山派 能蔵院住職 守祐順様にも御礼申し上げます。

また、ふだんより「暗闇ごはん」のサポートをしてくださっている熊丸様、木原様、有藤様、武井様、さくらい様、中村様、山田様、並びに今回の執筆のご縁を結んでくださった天台宗 福昌寺副住職 飯沼康祐様にも、この場を借りて感謝申し上げます。

そして、公私ともに常にサポートをしてくれる妻の美智子に心より感謝いたします。

青江覚峰 拝

令和二年二月吉日

南無阿弥陀佛

「暗闇ごはん」の定番レシピ

トマトの透明スープ

材料　２人分

トマト　(完熟したもの3～4個) ５００g

つくり方

①　トマトはヘタを除いて湯むきし、ミキサーにかける

②　ボウルにざるを重ね、その上にさらしをのせ、①を注いで濾す。１回濾しきれたら、これを２～３回繰り返し、透明になったら完成。器に注ぐ

野菜のテリーヌ風

材料　つくりやすい分量

とうもろこし　1本
季節もしくは好みの野菜　数種
粉寒天　5グラム
塩　少々

つくり方

①　とうもろこしの芯から実を外し、600ccの熱湯で2分茹で、そのまま冷ましてから茹で汁ごとミキサーにかけ、ざるで濾しておく

②　材料は細長く、もしくは拍子切りに切りそろえ、茹でる、焼くなど好みで調理しておく

③　①で用意したとうもろこしのペーストに寒天、塩を加える。へらでよく混ぜてから中火にかける。沸騰したら弱火にし、さらに5分煮てから容量600ccほどの流し缶に1/3量を流し入れ、中に②の具材をきれいに並べる

④　残りの2/3を流し入れ、ラップをして冷蔵庫で冷やして固める

茄子の揚げびたし

材料

長茄子　1本

A｜濃口醤油　大さじ2
　｜みりん　大さじ4
　｜昆布出汁　180cc

つくり方〈揚げびたし〉

①　茄子のヘタを切り、実の部分に縦に薄く飾り包丁を入れる

②　鍋にAを入れ沸騰直前で弱火にしておく

③　170度の油（分量外）で①を素揚げにし、しんなりとしてきたら②に入れて10分ほど煮る

④　大きな鍋に氷水を入れ、③を煮汁の入った鍋ごと冷やす。粗熱が取れたら煮汁ごと保存容器に移し、冷蔵庫で1日漬け、切って盛りつける

つくり方〈ヘタのウテナ〉

①　包丁で切った茄子のヘタの部分も同様に素揚げをしてAと同割合の出汁で煮る。このときに少量の唐辛子を加えるとよい

②　①で炊いたヘタを煮汁ごと冷やす

③　ウテナ（ヘタの部分）を1/4もしくは1/6に切り（ナス2切れにつきヘタ1切れに合わせる）、最後にすりゴマとラー油を加える

※ウテナは切り口の乾燥している部分だけ3ミリほど落とした方がよい

写真は「飛竜頭のお椀」

飛竜頭

材料２人分（４個）

残り野菜　適量（人参の皮、出汁をとったあとの昆布、セロリの葉など）
大和芋　２センチ
木綿豆腐　1/2 丁
砂糖　大さじ 1/2
塩　少々
醤油　小さじ 1
片栗粉　大さじ 2

小麦粉　適量
揚げ油　適量

つくり方

①　残り野菜をみじん切りにする
②　豆腐は水切りしておく
③　大和芋は皮をむき、すり鉢ですりおろす
④　③に②、①、調味料を入れ混ぜ合わせる
⑤　170 度に加熱した揚げ鍋に、④を丸めて小麦粉をまぶしながら入れる、もしくは手にサラダ油をつけて丸めながら入れて揚げる

椀種として好みの汁の中に入れて使う
※写真の汁はピーナッツのすり流し

フルーツ醍醐

材料

無糖ヨーグルト 100g
カルピス（原液） 大さじ1
季節のフルーツ 適量

つくり方

① ヨーグルトをキッチンペーパーで1時間ほど水切りをする
② ①とカルピスをよく合わせる
③ 食べやすく切った季節のフルーツを盛り、②をかける

写真・スタイリング/minokamo（長尾明子）
デザイン/ダブリューデザイン
校正/聚珍社

青江覚峰（あおえかくほう）

1977年東京生まれ。浄土真宗東本願寺派緑泉寺住職。カリフォルニア州立大学にてMBA取得。料理僧として料理、食育に取り組む。日本初・お寺発のブラインドレストラン「暗闇ごはん」代表。「彼岸寺」や「向源」など寺社メディアやイベントの運営を経て（株）なか道代表取締役。「世界一受けたい授業」（日本テレビ系列）などメディアでも活躍。著書に『お寺ごはん』（ディスカヴァー・トゥエンティワン）、漫画『サチのお寺ごはん』（監修・秋田書店）など。

人と組織が変わる
暗闇ごはん

第1刷　2020年2月27日

著　　者　青江覚峰
発 行 人　平野健一
発 行 所　株式会社　徳間書店
〒141-8202　東京都品川区上大崎3-1-1　目黒セントラルスクエア
電　　話　編集（03）5403・4332
販売（048）451・5960
振　　替　00140－0－44392
印刷・製本　大日本印刷株式会社

乱丁・落丁はお取り替えします

Printed in Japan
ISBN978-4-19-865042-1